O homem Moisés e a religião monoteísta

Três ensaios

SIGMUND FREUD

O homem Moisés e a religião monoteísta

Três ensaios

Tradução do alemão de Renato Zwick

Revisão técnica e prefácio de Betty Bernardo Fuks

Ensaio biobibliográfico de Paulo Endo *e* Edson Sousa

L&PM EDITORES

Texto de acordo com a nova ortografia.
Título original: *Der Mann Moses und die monotheistische Religion: Drei Abhandlungen*

Tradução: Renato Zwick
Tradução baseada no vol. 9 da *Freud-Studienausgabe*, 10. ed. corrigida, Frankfurt am Main, Fischer, 2009, p. 459-581
Revisão técnica e prefácio: Betty Bernardo Fuks
Ensaio biobibliográfico: Paulo Endo e Edson Sousa
Preparação: Patrícia Yurgel
Revisão: Lia Cremonese
Capa: Ivan Pinheiro Machado. Foto: Sigmund Freud (1921). Akg-Images/ Latinstock

CIP-Brasil. Catalogação na fonte
Sindicato Nacional dos Editores de livros, RJ

F942h

Freud, Sigmund, 1856-1939
O homem Moisés e a religião monoteísta: três ensaios / Sigmund Freud; tradução Renato Zwick; ensaio biobibliográfico de Paulo Endo, Edson Sousa; revisão técnica e prefácio de Betty Bernardo Fuks. – 1. ed. – Porto Alegre, RS: L&PM, 2014.
192 p. ; 21 cm.

Tradução de: *Der Mann Moses und die monotheistische Religion: Drei Abhandlungen*
ISBN 978-85-254-3079-3

1. Psicanálise e literatura 2. Psicanálise. I. Endo, Paulo II. Sousa, Edson. III. Fuks, Betty Bernardo. IV. Título.

13-07402 CDD: 154.22
CDU: 159.923.2

Rua Comendador Coruja, 314, loja 9 – Floresta – 90220-180
Porto Alegre – RS – Brasil / Fone: 51.3225.5777

PEDIDOS & DEPTO. COMERCIAL: vendas@lpm.com.br
FALE CONOSCO: info@lpm.com.br
www.lpm.com.br

Impresso pela Meta Brasil
2021

Sumário

Itinerário para uma leitura de Freud

Paulo Endo e Edson Sousa

Freud não é apenas o pai da psicanálise, mas o fundador de uma forma muito particular e inédita de produzir ciência e conhecimento. Ele reinventou o que se sabia sobre a alma humana (a psique), instaurando uma ruptura com toda a tradição do pensamento ocidental, a partir de uma obra em que o pensamento racional, consciente e cartesiano perde seu lugar exclusivo e egrégio. Seus estudos sobre a vida inconsciente, realizados ao longo de toda a sua vasta obra, são hoje referência obrigatória para a ciência e para a filosofia contemporâneas. A sua influência no pensamento ocidental não só é inconteste como não cessa de ampliar seu alcance, dialogando com e influenciando as mais variadas áreas do saber, como a filosofia, as artes, a literatura, a teoria política e as neurociências.

Sigmund Freud (1856-1939) nasceu em Freiberg (atual Příbor), na região da Morávia, hoje parte da República Tcheca, mas àquela época parte do Império Austríaco. Filho de Jacob Freud e de sua terceira esposa, Amália Freud, teve nove irmãos – dois do primeiro casamento do pai e sete do casamento entre seu pai e sua mãe. Sigmund era o filho mais velho de oito irmãos e era sabidamente adorado pela mãe, que o chamava de "meu Sigi de ouro".

Em 1860, Jacob Freud, comerciante de lãs, mudou-se com a família para Viena, cidade onde Sigmund Freud residiria até quase o fim da vida, quando teria de se exilar em Londres, fugindo da perseguição nazista. De família pobre, formou-se em medicina em 1882. Devido a problemas financeiros, decidiu ingressar imediatamente na clínica médica em vez de se dedicar à pesquisa, uma de suas grandes paixões. À medida que se estabelecia como médico, pôde pensar em propor casamento para Martha Bernays. Casaram-se em 1886 e tiveram seis filhos: Mathilde, Martin, Oliver, Ernst, Sophie e Anna.

Embora o pai tenha lhe transmitido os valores do judaísmo, Freud nunca seguiu as tradições e os costumes religiosos; ao mesmo tempo, nunca deixou de se considerar um judeu. Em algumas ocasiões, atribuiu à sua origem judaica o fato de resistir aos inúmeros ataques que a psicanálise sofreu desde o início (Freud aproximava a hostilidade sofrida pelo povo judeu ao longo da história às críticas virulentas e repetidas que a clínica e a teoria psicanalíticas receberam). A psicanálise surgiu afirmando que o inconsciente e a sexualidade eram campos inexplorados da alma humana, na qual repousava todo um potencial para uma ciência ainda adormecida. Freud assumia, assim, seu propósito de remar contra a maré.

Médico neurologista de formação, foi contra a própria medicina que Freud produziu sua primeira ruptura epistêmica. Isto é: logo percebeu que as pacientes histéricas, afligidas por sintomas físicos sem causa aparente, eram, não raro, tratadas com indiferença médica e negligência no ambiente hospitalar. A histeria pedia, portanto, uma nova inteligibilidade, uma nova ciência.

A característica, muitas vezes espetacular, da sintomatologia das pacientes histéricas de um lado e, de outro, a impotência do saber médico diante desse fenômeno impressionaram o jovem neurologista. Doentes que apresentavam paralisia de membros, mutismo, dores, angústia, convulsões, contraturas, cegueira etc. desafiavam a racionalidade médica, que não encontrava qualquer explicação plausível para tais sintomas e sofrimentos. Freud então se debruçou sobre essas pacientes; porém, desde o princípio buscava as raízes psíquicas do sofrimento histérico e não a explicação neurofisiológica de tal sintomatologia. Procurava dar voz a tais pacientes e ouvir o que tinham a dizer, fazendo uso, no início, da hipnose como técnica de cura.

Em 1895, é publicado o artigo inaugural da psicanálise: *Estudos sobre a histeria*. O texto foi escrito com o médico Josef Breuer (1842-1925), o primeiro parceiro de pesquisa de Freud. Médico vienense respeitado e erudito, Breuer reconhecera em Freud um jovem brilhante e o ajudou durante anos, entre 1882 e 1885, inclusive financeiramente. *Estudos sobre a histeria* é o único material que escreveram juntos e já evidencia o distanciamento intelectual entre ambos. Enquanto Breuer permanecia convicto de que a neurofisiologia daria sustentação ao que ele e Freud já haviam observado na clínica da histeria, Freud, de outro modo, já estava claramente interessado na raiz sexual das psiconeuroses – caminho que perseguiu a partir do método clínico ao reconhecer em todo sintoma psíquico uma espécie de hieróglifo. Escreveu certa vez: "O paciente tem sempre razão. A doença não deve ser para ele um objeto de desprezo, mas, ao contrário, um adversário respeitável, uma parte do seu ser que tem boas razões de existir e que lhe deve permitir obter ensinamentos preciosos para o futuro".

Em 1899, Freud estava às voltas com os fundamentos da clínica e da teoria psicanalíticas. Não era suficiente postular a existência do inconsciente, uma vez que muitos outros antes dele já haviam se referido a esse aspecto desconhecido e pouco frequentado do psiquismo humano. Tratava-se de explicar seu dinamismo e estabelecer as bases de uma clínica que tivesse o inconsciente como núcleo. Há o inconsciente, mas como ter acesso a ele?

Foi nesse mesmo ano que Freud finalizou aquele que é, para muitos, o texto mais importante da história da psicanálise:

A interpretação dos sonhos. A edição, porém, trazia a data de 1900. Sua ambição e intenção ao alterar a data de publicação era a de que esse trabalho figurasse como um dos mais importantes do século XX. De fato, *A interpretação dos sonhos* é hoje um dos mais relevantes textos escritos no referido século, ao lado de *A ética protestante e o "espírito" do capitalismo*, de Max Weber, *Tractatus Logico-Philosophicus*, de Ludwig Wittgenstein, e *Origens do totalitarismo*, de Hannah Arendt.

Nesse texto, Freud propõe uma teoria inovadora do aparelho psíquico, bem como os fundamentos da clínica psicanalítica, única capaz de revelar as formações, tramas e expressões do inconsciente, além da sintomatologia e do sofrimento que correspondem a essas dinâmicas. *A interpretação dos sonhos* revela, portanto, uma investigação extensa e absolutamente inédita sobre o inconsciente. Tudo isso a partir da análise e do estudo dos sonhos, a manifestação psíquica inconsciente por excelência. Porém, seria preciso aguardar um trabalho posterior para que fosse abordado o papel central da sexualidade na formação dos sintomas neuróticos.

Foi um desdobramento necessário e natural para Freud a publicação, em 1905, de *Três ensaios sobre a teoria da sexualidade*. A apresentação plena das suas hipóteses fundamentais sobre o papel da sexualidade na gênese da neurose (já noticiadas nos *Estudos sobre a histeria*) pôde, enfim, vir à luz, com todo o vigor do pensamento freudiano e livre das amarras de sua herança médica e da aliança com Breuer.

A verdadeira descoberta de um método de trabalho capaz de expor o inconsciente, reconhecendo suas determinações e interferindo em seus efeitos, deu-se com o surgimento da clínica psicanalítica. Antes disso, a nascente psicologia experimental alemã, capitaneada por Wilhelm Wundt (1832-1920), esmerava-se em aprofundar exercícios de autoconhecimento e autorreflexão psicológicos denominados de introspeccionismo. A pergunta óbvia elaborada pela psicanálise era: como podia a autoinvestigação esclarecer algo sobre o psiquismo profundo tendo sido o próprio psiquismo o que ocultou do sujeito suas dores e sofrimentos? Por isso a clínica psicanalítica propõe-se como uma fala do sujeito endereçada à escuta de um outro (o psicanalista).

A partir de 1905, a clínica psicanalítica se consolidou rapidamente e se tornou conhecida em diversos países, despertando o interesse e a necessidade de traduzir os textos de Freud para outras línguas. Em 1910, a psicanálise já ultrapassara as fronteiras da Europa e começava a chegar a países distantes como Estados Unidos, Argentina e Brasil. Discípulos de outras partes do mundo se aproximavam da obra freudiana e do movimento psicanalítico.

Desde muito cedo, Freud e alguns de seus seguidores reconheceram que a teoria psicanalítica tinha um alcance capaz de iluminar dilemas de outras áreas do conhecimento além daqueles observados na clínica. Um dos primeiros textos fundamentais nesta direção foi *Totem e tabu: algumas correspondências entre a vida psíquica dos selvagens e a dos neuróticos*, de 1913. Freud afirmou que *Totem e tabu* era, ao lado de *A interpretação dos sonhos*, um dos textos mais importantes de sua obra e o considerou uma contribuição para o que ele chamou de psicologia dos povos. De fato, nos grandes textos sociais e políticos de Freud há indicações explícitas a *Totem e tabu* como sendo ponto de partida e fundamento de suas teses. É o caso de *Psicologia das massas e análise do eu* (1921), *O futuro de uma ilusão* (1927), *O mal-estar na cultura* (1930) e *O homem Moisés e a religião monoteísta* (1939).

O período em que Freud escreveu *Totem e tabu* foi especialmente conturbado, sobretudo porque estava sendo gestada a Primeira Guerra Mundial, que eclodiria em 1914 e duraria até 1918. Esse episódio histórico foi devastador para Freud e o movimento psicanalítico, esvaziando as fileiras dos pacientes que procuravam a psicanálise e as dos próprios psicanalistas. Importantes discípulos freudianos, como Karl Abraham e Sándor Ferenczi, foram convocados para o front, e a atividade clínica de Freud foi praticamente paralisada, o que gerou dissabores extremos à sua família devido à falta de recursos financeiros. Foi nesse período que Freud escreveu alguns dos textos mais importantes do que se costuma chamar a primeira fase da psicanálise (1895-1914). Esses trabalhos foram por ele intitulados de "textos sobre a metapsicologia", ou textos sobre a teoria psicanalítica.

Tais artigos, inicialmente previstos para perfazerem um conjunto de doze, eram parte de um projeto que deveria sintetizar as principais posições teóricas da ciência psicanalítica até então. Em apenas seis semanas, Freud escreveu os cinco artigos que hoje conhecemos como uma espécie de apanhado denso, inovador e consistente de metapsicologia. São eles: "Pulsões e destinos da pulsão", "O inconsciente", "O recalque", "Luto e melancolia" e "Complemento metapsicológico à doutrina dos sonhos". O artigo "Para introduzir o narcisismo", escrito em 1914, junta-se também a esse grupo de textos. Dos doze artigos previstos, cinco não foram publicados, apesar de Freud tê-los concluído: ao que tudo indica, ele os destruiu. (Em 1983, a psicanalista e pesquisadora Ilse Grubrich-Smitis encontrou um manuscrito de Freud, com um bilhete anexado ao discípulo e amigo Sándor Ferenczi, em que identificava "Visão geral das neuroses de transferência" como o 12º ensaio da série sobre metapsicologia. O artigo foi publicado em 1985 e é o sétimo e último texto de Freud sobre metapsicologia que chegou até nós.)

Após o final da Primeira Guerra e alguns anos depois de ter se esmerado em reapresentar a psicanálise em seus fundamentos, Freud publica, em 1920, um artigo avassalador intitulado *Além do princípio de prazer*. Texto revolucionário, admirável e ao mesmo tempo mal aceito e mal digerido até hoje por muitos psicanalistas, desconfortáveis com a proposição de uma pulsão (ou impulso, conforme se preferiu na presente tradução) de morte autônoma e independente das pulsões de vida. Nesse artigo, Freud refaz os alicerces da teoria psicanalítica ao propor novos fundamentos para a teoria das pulsões. A primeira teoria das pulsões apresentava duas energias psíquicas como sendo a base da dinâmica do psiquismo: as pulsões do eu e as pulsões de objeto. As pulsões do eu ocupam-se em dar ao eu proteção, guarida e satisfação das necessidades elementares (fome, sede, sobrevivência, proteção contra intempéries etc.), e as pulsões de objeto buscam a associação erótica e sexual com outrem.

Já em *Além do princípio de prazer*, Freud avança no estudo dos movimentos psíquicos das pulsões. Mobilizado pelo tratamento dos neuróticos de guerra que povoavam as cidades europeias e por alguns de seus discípulos que, convocados, atenderam psicanaliticamente nas frentes de batalha, Freud reencontrou o estímulo para repensar a própria natureza da repetição do sintoma neurótico em sua articulação com o trauma. Surge o conceito de pulsão de morte: uma energia que ataca o psiquismo e pode paralisar o trabalho do eu, mobilizando-o em direção ao desejo de não mais desejar, que resultaria na morte psíquica. É provavelmente a primeira vez em que se postula no psiquismo uma tendência e uma força capazes de provocar a paralisia, a dor e a destruição.

Uma das principais consequências dessa reviravolta é a segunda teoria pulsional, que pode ser reencontrada na nova teoria do aparelho psíquico, conhecida como segunda tópica, ou segunda teoria do aparelho psíquico (ego, id e superego, ou eu, isso e supereu), apresentada no texto *O eu e o id*, publicado em 1923. Freud propõe uma instância psíquica denominada supereu. Essa instância, ao mesmo tempo em que possibilita uma aliança psíquica com a cultura, a civilização, os pactos sociais, as leis e as regras, é também responsável pela culpa, pelas frustrações e pelas exigências que o sujeito impõe a si mesmo, muitas delas inalcançáveis. Daí o mal-estar que acompanha todo sujeito e que não pode ser inteiramente superado.

Em 1938, foi redigido o texto *Compêndio de psicanálise*, que seria publicado postumamente em 1940. Freud pretendia escrever uma grande síntese de sua doutrina, mas faleceu em setembro de 1939, antes de terminá-la. O *Compêndio* permanece, então, conforme o próprio nome sugere, como uma espécie de inacabado testamento teórico freudiano, indicando a incompletude da própria teoria psicanalítica que, desde então, segue se modificando, se refazendo e se aprofundando.

Curioso talvez que o último grande texto de Freud, publicado em 1939, tenha sido *O homem Moisés e a religião monoteísta*, trabalho potente e fundador que reexamina teses historiográficas basilares da cultura judaica e da religião monoteísta a partir do arsenal psicanalítico. Essa obra mereceu comentários de grandes pensadores contemporâneos como Yosef Yerushalmi, Edward Said e Jacques Derrida, que continuaram a enriquecê-la, desvelando não só a herança judaica muito particular de Freud, por ele afirmada e ao mesmo tempo combatida, mas também o alcance da psicanálise no debate sobre os fundamentos da historiografia do judaísmo, determinante da constituição identitária de pessoas, povos e nações.

Esta breve anotação introdutória é certamente insuficiente, pois muito ainda se poderia falar de Freud. Contudo, esperamos haver, ao menos, despertado a curiosidade no leitor, que passará a ter em mãos, com esta coleção, uma nova e instigante série de textos de Freud, com tradução direta do alemão e revisão técnica de destacados psicanalistas e estudiosos da psicanálise no Brasil.

Ao leitor, só nos resta desejar boa e transformadora viagem.

Prefácio

O legado de Freud

Betty Bernardo Fuks

Quando se trata de pensar a produção cultural na Viena de Freud, não há como deixar de refletir sobre o movimento iluminista de repúdio à intolerância e de incentivo intelectual entre os povos iniciado no final do século XVIII e que determinou a emancipação e o reconhecimento dos direitos de cidadão ao povo judeu, bem como sua relação com o desenvolvimento de gerações de intelectuais profundamente assimilados, mas, de maneira paradoxal, amplamente marginalizados. O resultado desse processo, conforme as agudas observações de Hannah Arendt, foi o nascimento de uma inteligência *pária*[1], anticonformista e revolucionária que, aos poucos, adotou uma posição de vanguarda na cultura europeia. No final do século XIX, além de desempenhar um papel de extrema importância nos mais diversos campos do saber, essa mesma inteligência funcionou como elemento de transformação social. Já nos anos 30, com o advento do antissemitismo politicamente organizado e dos nacionalismos estatais que acreditavam saber o que era um judeu, a situação mudou por completo: a igualdade consentida pela lei na diáspora de língua alemã foi confiscada, sem complacência e de maneira sumária. Inconformados com o preconceito, então elevado à categoria de arma ideológica, muitos intelectuais e artistas deram um testemunho contundente da impossibilidade de designar o ser judeu por meio de construções de judeidades – o modo subjetivo e particular como cada um, mesmo tendo abandonado a religião,

1. Hannah Arendt. *The Jew as Pariah. Jewish Identity and Politics in the Modern Age*. Nova York: Grove Press, 1978.

se afirmava judeu. Subvertiam, assim, as designações pejorativas e racistas que fundamentavam a destruição que tomou conta da sociedade vienense.

No que concerne ao modo de expressar a judeidade, a prática milenar de leitura-escritura da Bíblia se configurou, mais uma vez, como fonte de elaboração de um novo-antigo luto. Conforme Freud lembrou em algumas de suas cartas e textos, com a destruição do Templo e a expulsão de Jerusalém, no ano 70 d.C., os judeus engajaram-se na experiência de ultrapassar a vivência da perda e do luto pela escrita da história. O Livro, suporte permanente de escritura, junta o povo na diáspora e na modernidade, e a judeidade se torna a expressão de uma errância milenar, de uma alteridade multiplicada e fragmentada em estilhaços pelos cortes significantes do que ela própria esconde.

O homem Moisés e a religião monoteísta: três ensaios se insere na linhagem de escritos nascidos nesse trágico final da liberdade alcançada e vivida pelos judeus por mais de dois séculos. Entretanto, essa causa jamais será suficiente para apreender as questões mais cruciais que nele se desenvolvem. Por mais que uma leitura histórica seja importante e indispensável, para um analista ela não pode acontecer dissociada das razões psicanalíticas que levaram Freud a escrever esta obra. Qualquer análise de *Moisés* que deixe de abordar as questões teóricas que animam e imprimem, com absoluto rigor, o selo do campo da psicanálise seria parcial e desastrosa, e muitas vezes leviana.

Tudo começa em 1933. Freud registra, no diário em que anotava os fatos da vida considerados extremamente importantes, a queima de um imenso patrimônio cultural realizado no auto de fé da Universidade de Berlim e, em seguida recolhe das cinzas a força para escrever um de seus mais belos e importantes textos. No ano seguinte dá início à escrita de *O homem Moisés* na intenção de responder as questões que lhe acossavam naquele momento: "Diante das novas perseguições, como os judeus se tornaram o que são e por que atraem para si o ódio eterno?".[2] Para solucionar o enigma, Freud consulta os maiores historiadores de sua época e se dedica ao estudo do livro do Êxodo, palavra que resume a essência dessa obra cuja narrativa gira em torno do êxodo dos escravos hebreus do Egito. E se quisermos compreender plenamente o lugar da Bíblia em seu pensamento, basta nos reportarmos à declaração do próprio Freud em "Estudo autobiográfico" (1925) de que o fato de ter sido introduzido na leitura das histórias bíblicas desde a mais tenra infância tivera um peso tão importante em sua formação quanto a teoria evolucionista de Darwin, os escritos de Goethe e os de Ernst Brücke, o mestre que despertou seu interesse pelo valor da atividade científica.

De fato, o domínio e interesse de Freud pelos escritos bíblicos transparecem ao longo das obras completas e em suas correspondências com colegas e familiares. Em *O homem Moisés* ele adentra no texto mostrando amplo conhecimento na própria escolha do título. A expressão "homem Moisés" é como Moisés é designado no Antigo Testamento – "E era o homem Moisés muito afável, mais do que todos os homens que havia sobre a terra" (Números, 12:3) –; era a maneira pela qual os escribas exaltavam a humanidade da criança que escapou da morte, ordenada pelo faraó aos recém-nascidos hebreus, e que foi salva pela princesa egípcia, do adolescente rebelde dividido entre duas línguas, duas culturas e duas tradições, e do adulto a quem coube o destino de retirar os escravos do Egito em direção à Terra Prometida. Toda a reflexão freudiana quanto a origem do monoteísmo judaico visa acentuar que o "Grande Homem" não era uma divindade; apenas um ser humano a despeito de seus feitos colossais. Mas, ao contrário do livro do Êxodo, que canta em prosa e verso a

2. *Correspondência Freud-Zweig*. Buenos Aires: Granica Editor, 1974. Carta de 30 de setembro de 1934.

origem humilde do hebreu Moisés, Freud reserva ao herói uma outra genealogia: a de um príncipe ou sacerdote egípcio a quem o povo judeu "deve sua tenacidade, mas também muito da hostilidade que experimentou e ainda experimenta".[3] Retomaremos esse ponto mais adiante.

O fascínio do criador da psicanálise pelo homem que fundou o monoteísmo judaico mostrou-se sempre intenso e apaixonado. Em 1901, numa visita à Igreja San Pietro in Vincoli, em Roma, ao se deparar com o olhar da majestosa estátua de Moisés sobre o túmulo do papa Júlio II, concebida por Michelangelo, Freud foi tomado por uma sensação de estranheza. Desde então, voltou a visitá-la sistematicamente na esperança de decifrar o enigma daquela figura humana com cornos de animal. Sob o efeito de um forte sentimento de "solidão esplendorosa, algo melancólica"[4] desenhava, estudava e a comparava com outras figurações do profeta num esforço de apreensão que determinou a escrita de "O Moisés de Michelangelo" (1914), ensaio publicado pouco antes da Primeira Guerra Mundial. Para decifrar o mistério dessa magnífica obra da Renascença, Freud valorizou os detalhes até então negligenciados pela crítica de arte – a posição da mão direita do profeta e as Tábuas da Lei –, deu-lhes valor de letra, conforme fazia com as imagens dos sonhos, e os submeteu à leitura. E, depois de uma longa análise da disposição das mãos e da barba, enunciou: "Não é este o Moisés da Bíblia, aquele que encolerizado atirou as Tábuas da Lei ao Solo". Michelangelo integrara algo de novo à narrativa do Êxodo – o triunfo da razão sobre a cólera – ao criar um Moisés bastante superior ao bíblico, este um homem irascível. Com muita sagacidade Freud deduz

3. S. Freud. *O homem Moisés e a religião monoteísta*: *três ensaios*, p. 149.

4. S. Freud. *Correspondência de amor e outras cartas*. Rio de Janeiro: Nova Fronteira, 1982. Carta de 5 de setembro de 1912.

que a ação do Moisés esculpido em mármore expressava o gesto de um homem capaz de superar o ódio e a destemperança diante dos hebreus, povo idólatra do "Bezerro de Ouro".[5]

A partir dessa interpretação, passemos às declarações de Freud acerca de suas afinidades para com o fundador do monoteísmo. Numa carta a Sándor Ferenczi, dá a conhecê-las de modo bastante curioso: "Estou comparando-me antes com o Moisés histórico do que com o de Michelangelo".[6] Ora, identificar-se com o profeta tomado pela cólera, na cena em que o povo adora a estátua do Bezerro de Ouro, era bastante condizente com o embate que vivia na época da escrita do texto sobre a obra do artista renascentista. Sob a liderança de Carl Jung, primeiro presidente da Associação Psicanalítica Internacional, um grupo de analistas ameaçava rebaixar a importância da sexualidade infantil no corpo da teoria psicanalítica e opunha-se ao conceito freudiano de inconsciente, militando a favor da ideia de inconscientes locais, "inconsciente ariano", "inconsciente semita". Evidentemente as pretensões de Jung significaram, para Freud, investidas destrutivas contra as leis da psicanálise. O que fazer? Combatê-las à força em detrimento do domínio da razão ou, em vez disso, sublimar a cólera para reconduzir, com serenidade, a causa analítica à ordem? Esta divisão subjetiva – destemperança e domínio dos impulsos – se faria presente até o final da vida

5. Segundo a Bíblia, durante o êxodo do Egito, quando Moisés subiu ao Monte Sinai para receber as Tábuas da Lei, os hebreus, que o esperavam ao pé do monte, apreensivos pois Moisés demorava a voltar, pediram que Arão construísse um ídolo que os guiasse. Arão então fez então um bezerro de ouro, e ao retornar Moisés viu que o povo adorava o bezerro, comia, dançava e bebia, o que desagradou ao Senhor. Enraivecido, ordenou que os homens empunhassem espadas e matassem seu irmão, seu amigo e seu vizinho, e naquele dia teriam morrido cerca de três mil pessoas. (N.E.)

6. S. Freud/S. Ferenczi. *Correspondência*. Vol.1/Tomo 2. 1912-1914. Rio de Janeiro: Imago, 1994. Carta 327 F (17 de outubro de 1912).

do pai da psicanálise sempre que surgiam ameaças externas ou internas à sua disciplina.

Vale a pena fazer notar um fato no mínimo curioso: às vésperas das duas grandes guerras que inundariam de sangue e dor o século XX, Freud recorreu à saga de Moisés para refletir sobre a relação dos homens com a Lei. Não é possível, evidentemente, deixar de se espantar com essa coincidência nem tampouco não reconhecer a originalidade e a contundência dos dois textos freudianos sobre a figura do grande legislador da Bíblia.

Voltemos a *O homem Moisés*. Entre 1934 e 1938, Freud construirá sua própria "estátua" da figura maior do Antigo Testamento, reclamada pelas três religiões monoteístas. A obra, de difícil apreensão, está composta de três ensaios, sendo que o último começa por dois prefácios, um escrito em Viena e outro em Londres. Esse terceiro ensaio é, por sua vez, dividido em duas partes. A primeira é composta de cinco seções e a segunda apresenta, antes das oito seções que se seguem, um tópico intitulado "Resumo e recapitulação", que parece ser outro (terceiro) prefácio. Para alcançar a dimensão exata dessa bizarra construção é preciso manter a tensão entre o contexto sociopolítico no qual foi escrita e sua inserção no seio de uma corrente de pensamento em permanente construção. É necessário também que o leitor se mantenha fiel ao princípio psicanalítico da não oposição entre psicologia individual e a coletiva. Freud levou às últimas consequências a descoberta do inconsciente, o que lhe permitiu construir um complexo instrumental teórico sobre a cultura, para o qual o fato de a "outra cena" (expressão utilizada por Freud para designar o inconsciente) se representar como individual ou coletiva não tem importância conceitual. Cumpre, então, alertar que *Moisés* não é apenas um texto antropológico, sociológico, filosófico ou psicológico. Trata-se do testamento de Freud, escrito às vésperas de sua morte às futuras gerações de analistas.

Num primeiro momento, conforme as cartas endereçadas a Arnold Zweig, privilegiado interlocutor freudiano durante sua escrita testamentária, a obra recebeu um título bastante sui generis, *O homem Moisés, um romance histórico* (*Der Mann Moses, ein historischer Roman*). A ideia não chega a causar espanto, levando-se em consideração que Freud muitas vezes se apresentava como um cientista sob a jurisdição de poetas e escritores, aqueles que "conhecem, entre o céu e a terra, muitas coisas que nossa sabedoria escolar ainda não pode imaginar".[7] Mas a expressão "romance histórico" desaparece de sua correspondência, sem qualquer explicação. O que se observa é que Freud continua utilizando o estilo literário-histórico na construção desta "ficção teórica" – algo que transgride as regras de cientificidade e se assemelha a uma obra de imaginação – que é *Moisés*.

Obra aberta, *O homem Moisés* não se presta à captura: múltiplos sentidos – mas não arbitrários – borbulham em suas páginas. Com estilo inconfundível, Freud reelabora a metapsicologia – os princípios do funcionamento do aparelho psíquico –, reescreve o mito de *Totem e tabu* (1913), que gira em torno da origem da religião, da moral e da cultura. O texto contém, também, um estudo minucioso sobre o trauma e sua relação com os fenômenos religiosos e os conhecidos sintomas neuróticos. À diferença de outros de seus escritos, Freud aborda a religião evitando se subtrair à aridez do racionalismo. O trabalho de leitura à letra[8] em *Moisés* continua sendo uma lição clínica. Freud decifra essa escrita como lê o inconsciente – a escrita psíquica:

7. S. Freud. "El delirio y los sueños en la 'Gradiva' de W. Jensen". *Obras Completas*. V. IX, Buenos Aires: Amorrortu Editores, 1986. p. 8.

8. Trata-se do ato do leitor de forjar novos sentidos ao texto que, por si só, é estruturalmente polissêmico. Sobre a leitura à letra no dispositivo psicanalítico da interpretação, permitam-me indicar o capítulo "Errância e nomadismo da letra" no meu livro *Freud e a judeidade: a vocação do exílio*. Rio de Janeiro: Zahar, 2000.

procurando desvelar as distorções (*Entslellung*) negadas e desmentidas pela tradição. Por conta das distorções que um texto (escrito ou inconsciente) apresenta, a verdade, para a psicanálise, é sempre secreta e enigmática; e isso exige do analista recolher restos, letras e traços de escrita para fazer emergir um não-dito.

Um último recorte: o político. Dando sequência ao pensamento sobre a intolerância, exposto em escritos que testemunham a incursão da psicanálise no campo da política (*Psicologia das massas e análise do eu*, um estudo sobre a manipulação política do ódio em favor da coesão da comunidade, ela própria fundada na exclusão daquele que porta a diferença; *O mal-estar na cultura*, a mais completa reflexão sobre a terceira fonte de sofrimento na cultura: a relação entre os homens; e *Por que a guerra?*, uma análise em coautoria com Einstein sobre as motivações afetivas da guerra e as possibilidades de paz), Freud oferece em *Moisés* uma vigorosa crítica à xenofobia, ao racismo e ao segregacionismo. É possível seguirmos, na correspondência entre Freud e Zweig, algumas preocupações do autor quanto ao nazismo e outras situações políticas ("Em nossa pobre Áustria os tempos seguem transcorrendo tensamente entre o comunismo e o fascismo" [9]) e perceber, entre outras coisas, que Freud intuía o destino que tomariam as grandes ideologias do século XX, que se transformaram no que hoje conhecemos como totalitarismo, sistema político no qual o Estado promove, através da violência e da crueldade, a exclusão da alteridade como forma de fortalecimento do poder.

Da publicação dos três ensaios

Sabe-se que a ousadia do desenvolvimento das teses de *O homem Moisés* não foi, num primeiro momento, acompanhada da coragem necessária para publicá-las. Por temer que a psicanálise

9. *Correspondência Freud-Zweig*. *Op. cit*. Carta de 14 de março de 1935.

pudesse sofrer represálias, Freud decide manter os manuscritos guardados, sobretudo para não provocar retaliações por parte da Igreja, "último baluarte contra o nazismo".[10] À fantasia de que o poderoso padre Schmitch, defensor do monoteísmo primitivo e representante do Vaticano em Viena, pudesse criar sanções irreversíveis ao movimento psicanalítico, somaram-se dúvidas e conflitos quanto à validade de suas hipóteses. Uma forte insegurança em relação às incursões que precisou fazer no campo da história do monoteísmo também pesou na decisão de manter os ensaios em segredo. Resistências externas e internas. Na primavera de 1937 Freud supera algumas dessas dificuldades e publica, num curto espaço de tempo, na revista *Imago*, os dois primeiros ensaios – "Moisés, um egípcio" e "Se Moisés era um egípcio..." –, ambos movidos pelo desejo de extrair o estrangeiro do centro da familiar identidade judaica.

Para desconstruir a figura bíblica, Freud se serve, no primeiro ensaio, de alguns dados históricos que acusavam a origem egípcia de Moisés (o nome oriundo do léxico egípcio) e do mito psicanalítico do nascimento do herói elaborado por Otto Rank, em relação ao qual o relato bíblico da vida de Moisés difere quase que totalmente. Em seguida, faz uma inferência lógica a partir desse material e deduz: "Moisés era um egípcio, provavelmente um nobre, que a lenda transformou em judeu".[11] Entretanto, as contradições estabelecidas entre a religião politeísta egípcia e o monoteísmo judaico não garantiam essa conclusão. Freud tentará solucioná-las no segundo ensaio, baseando-se em uma série de dados trazidos pelos historiadores e em alguns detalhes bíblicos que permaneciam desmentidos, isto é, não devidamente ligados ao relato. Com eles começa a construir, dentro

10. S. Freud; L.A. Salomé. *Freud/Lou Andreas Salomé: correspondência completa*. Rio de Janeiro: Imago, 1975. Carta de 6 janeiro de 1935.

11. *O homem Moisés*, p. 41.

do modelo proposto em "Construções em análise" (1937), a verdade histórica de que o Grande Homem havia transmitido ao povo que elegeu *uma* religião egípcia e não *a* religião egípcia. Assim, depois de situar o Moisés egípcio na gloriosa XVIII dinastia de Ikhnaton – o faraó que impingiu aos egípcios a nova religião de Aton, que suplantou o politeísmo –, Freud duplica a figura bíblica e tudo aquilo que lhe dizia respeito. Moisés foi desdobrado em dois homens, ambos chamados pelo mesmo nome: dois fundadores, portanto duas fundações do monoteísmo, diz Freud, o que implica também reconhecer que na origem da formação do deus de Israel há dois deuses antinômicos: Aton e Jeová.

Ao examinar essa série de dualidades, percebe-se que, na medida em que vão sendo instituídas, elas destituem, paulatinamente, as características de unidade do povo judeu. "Moisés, um egípcio" estabelece que não há vida em comum sem o outro de si mesmo. Esse ponto, extremamente surpreendente na releitura freudiana do texto bíblico, permite afirmar que o conceito psicanalítico de identificação assume, no final da obra de Freud, papel central na estruturação de um modelo epistemológico segundo o qual a identidade, individual ou coletiva, nada mais é do que uma pluralidade de diferentes vínculos identificatórios. Além disso, o sujeito pode também elevar-se sobre todas essas identificações e atingir "um fragmentozinho de independência e de originalidade".[12]

Lendo os ensaios em questão a partir da sua conclusão é possível argumentar que *O homem Moisés* denuncia a pretensão delirante do nacional-socialismo de garantir às massas, às custas da recusa da condição de estrangeiro de si mesmo que habita o homem, uma identidade plena, não fragmentada. À política fundamentada no ideal de uma identidade pura advinda do sangue e do solo e baseada no idêntico – a raça, em última análise –, Freud

12. Freud, *Psicologia das massas e análise do eu*. L&PM POCKET, p. 140.

contrapõe os achados psicanalíticos da irredutível divisão do eu. Qualquer que seja a identidade cultural, ela só se realiza como um jogo transitório de diferenças e antagonismos – as identificações; como um jogo minado e redesenhado pela memória de uma escrita de traços e letras intraduzíveis – a herança arcaica –, mas, por outro lado, traduzíveis, na medida em que são lidos e narrados. Tal foi a réplica freudiana ao discurso nazista, que, sob o registro da identificação mimética a seu líder, terminou fabricando uma máquina de transformar alteridades em cadáveres.

Para compreender plenamente o valor dessa crítica freudiana ao etnocentrismo, é necessário um último esclarecimento acerca da egipcidade de Moisés: se Moisés, um egípcio, inventa o judeu, então todo judeu é egípcio, isto é, está para além da raça, da língua e do essencialismo. E o que o judeu criado por Moisés inventa, segundo as observações de Lacan no ensaio "A morte de Deus"[13], é a concepção de um Deus cuja presença se define pela ausência radical e absoluta, e uma ética das superações da idolatria do eu.

Assim chegamos ao último ensaio. A entrada do exército alemão na Áustria, no início de 1938, precipita o êxodo de Freud da cidade em que vivera desde a primeira infância para a patética beleza do exílio. O desejo de terminar e publicar "Moisés, o seu povo e a religião monoteísta" é reforçado durante a fuga para Londres, acompanhado por alguns amigos e familiares. Seu interesse pelo estudo histórico do monoteísmo amplamente exposto nos dois ensaios anteriores encontra uma justificativa no seguinte questionamento: "No que consiste a verdadeira natureza de uma tradição e no que repousa seu poder especial?".[14] O autor retorna à questão que perseguia desde *Totem e tabu*: de que modo uma

13. Jacques Lacan. *O seminário*, livro 7: A ética da psicanálise. Rio de Janeiro: Jorge Zahar, 1988.

14. *O homem Moisés*, p. 87.

herança arcaica, os traços de memória arrastados pelo fluxo caudaloso do tempo e perdidos entre as ruínas dos séculos, é transmitida de uma geração à outra? Para respondê-la, ele se vale da noção psicanalítica de verdade histórica – aquilo que define a relação singular que cada cultura e/ou sujeito é chamada a viver em relação à herança recebida de gerações anteriores. E, mais uma vez, a psicanálise se submete à autoridade do poeta – "Aquilo que herdaste de teus ancestrais, conquista para fazê-lo teu" (Goethe): é no confronto entre as gerações que o homem inventa o que é herdado dos pais. Assim, se afastando das normas da consciência Freud fará incidir sobre a transmissão um imprevisível princípio de transmissibilidade que não o da natureza: o princípio de operação recorrente. Trata-se de uma operação de retorno a um ponto de origem que, paradoxalmente, dará origem a uma outra montagem da narrativa, a história que sustenta e leva a transmissão a termo.

Toda a construção do terceiro ensaio não pode estar separada da preocupação de Freud para com a transmissão de sua disciplina em tempos sombrios e às vésperas de sua morte. Assegurar a transmissão da verdade psicanalítica era a pauta da última reunião da Sociedade Psicanalítica de Viena que aconteceu antes do êxodo de muitos analistas e do fundador da psicanálise. Naquele momento Freud propôs a todos os presentes proceder como Jochanaan Ben Zakkai após sua expulsão de Jerusalém – o rabino solicitou permissão para abrir uma escola na cidade que o acolhera a fim de prosseguir o estudo da Torá. Ao evocar essa passagem histórica, deixava transparecer uma esperança: para que a psicanálise se faça mais forte do que a destruição é preciso garantir a prática de leitura da escrita psíquica e cuidar de transmitir a teoria.

Sob a proteção dos céus londrinos, o medo de tornar público o terceiro ensaio deveu-se durante algum tempo ao questionamento quanto à validade de suas ideias e hipóteses – "uma empresa fracassada"[15] que precisava de ser mantida arquivada. No outono de 1938 Freud vence todas as resistências e, por fim, consegue reunir os três ensaios e permite a publicação da obra, em alemão, na Holanda. Em março de 1939, poucos meses antes de sua morte e da eclosão oficial da Segunda Guerra Mundial, chega a vez de a "estátua de bronze com pés de barro" [16] – expressão com a qual reconheceu, em carta datada de 16 de dezembro de 1934 a Zweig, que a probabilidade de suas hipóteses não o protegia contra o erro – ser editada na "bela, livre e generosa Inglaterra".[17]

Com estilo de escrita inconfundível, opõe, no prefácio escrito em Londres, ao peso daquela imagem, uma outra não menos enigmática: "Este trabalho que tem Moisés como ponto de partida parece à minha crítica como uma bailarina que se equilibra na ponta de um dos pés".[18] Que outra importância teria a força poética desta frase senão a de exigir na mesma medida leveza, precisão e arte na leitura de sua obra? Imaginação e ousadia fazem da leitura do texto uma grande aventura de aprendizado, cheia de suspenses e de surpresas. São qualidades presentes na desconstrução da identidade de Moisés; na decifração do enigma sobre a origem do judaísmo; no modo como são perseguidas as desfigurações do texto bíblico; nas incursões pelo universo da historiografia e da egiptologia; no desvelar o desmentido do assassinato de Moisés; e finalmente no entusiasmo de um velho sábio, doente, cansado e exilado, em transmitir sua aposta incondicional na disciplina que inventou.

15. *Correspondência Freud-Zweig*. *Op. cit.* Carta de 30 de setembro de 1934.

16. *Correspondência Freud-Zweig*. *Op. cit.* Carta de 16 de dezembro de 1934.

17. *O homem Moisés*, p. 92.

18. *O homem Moisés*, p. 93.

Enfim, ler *O homem Moisés* será sempre uma passagem por um desfiladeiro de enigmas. Por isso, resta dizer que, a despeito de todas as leituras aqui apresentadas, esta obra continua, na atualidade, a seguir seu caminho sem volta, desafiando o leitor a construir novos sentidos.

Rio de Janeiro, 19 de março de 2012

O homem Moisés e a religião monoteísta

Três ensaios

I
Moisés, um egípcio

Privar um povo do homem a quem enaltece como o maior de seus filhos não é algo que uma pessoa empreenda com gosto ou de maneira leviana, sobretudo quando ela mesma pertence a esse povo. Porém, não nos deixaremos persuadir por nenhum exemplo a preterir a verdade em favor de supostos interesses nacionais, e também podemos esperar que o esclarecimento de um estado de coisas nos proporcione um ganho de conhecimento.

O homem *Moisés*, que para o povo judeu foi libertador, legislador e fundador de sua religião, pertence a tempos tão remotos que não podemos evitar a questão preliminar de saber se ele é uma personalidade histórica ou uma criação da lenda. Se ele viveu, foi no século XIII, mas talvez no XIV, antes da nossa era; não temos outra notícia dele a não ser a dos livros sagrados e a das tradições judaicas registradas por escrito. Ainda que por isso a decisão careça da última certeza, a grande maioria dos historiadores se pronunciou a favor da hipótese de que Moisés realmente viveu e de que o êxodo do Egito, ligado a ele, de fato aconteceu. Afirma-se com boas razões que a história posterior do povo de Israel seria incompreensível se não se admitisse esse pressuposto. A ciência de hoje se tornou sobretudo mais cautelosa e procede de maneira muito mais indulgente com as tradições do que nos primórdios da crítica histórica.

A primeira coisa que atrai nosso interesse na pessoa de Moisés é seu nome, que em hebreu é *Mosche*. Pode-se perguntar: donde provém? O que significa? Como se sabe, o relato de *Êxodo*, cap. 2, já traz uma resposta. Ali se conta que a princesa egípcia que salvou o menininho abandonado ao Nilo lhe deu esse nome com a seguinte fundamentação etimológica: "Porque das águas o tirei". Só que essa explicação é manifestamente insuficiente. "A interpretação bíblica do nome, 'aquele que foi tirado das águas'", julga um autor da *Enciclopédia judaica*[1], "é etimologia popular, com a qual já não se consegue harmonizar a forma hebraica ativa ('Mosche' pode significar no máximo 'aquele que tira')." Pode-se apoiar essa recusa com mais duas razões: primeira, que é absurdo atribuir a uma princesa egípcia a derivação de um nome a partir do hebraico, e segunda, que a água da qual a criança foi tirada muito provavelmente não era a água do Nilo.

Em compensação, há muito tempo diversos autores formularam a hipótese de que o nome "Moisés" provém do vocabulário egípcio. Em vez de citar todos os autores que se manifestaram nesse sentido, quero inserir o trecho correspondente, traduzido[2], de um livro recente de J.H. Breasted, um autor cuja *História do Egito* (1906) é considerada fundamental. "É notável que seu nome, Moisés, era egípcio. Ele é simplesmente a palavra egípcia 'mose', que significa 'filho', e é a abreviatura de formas de nome mais completas, como, por exemplo, Amen-mose, isto é, 'filho de Amon', ou Ptah-mose, 'filho de Ptah', nomes que por sua vez são abreviaturas de frases: Amon (concedeu um) filho ou Ptah (concedeu um) filho. O nome 'Filho' logo se tornou um substituto cômodo do longo nome completo, e não é raro encontrar a forma de nome 'Mose' em monumentos egípcios. O pai de Moisés certamente deu ao filho um nome composto com 'Ptah' ou 'Amon', e o nome do deus pouco a pouco deixou de ser utilizado na vida cotidiana, até que o menino simplesmente foi chamado 'Mose'. (O 's' no final do nome 'Moisés' provém da tradução grega do Antigo Testamento. Ele também não pertence ao hebraico, em

1. Fundada por Herlitz e Kirschner, vol. 4. Berlim, Jüdischer Verlag, 1930.
2. *O alvorecer da consciência* (1934, p. 350).

que o nome é 'Mosche'.)" Reproduzi o trecho literalmente, e de forma alguma estou disposto a partilhar a responsabilidade por seus detalhes. Também me admiro um pouco com o fato de Breasted ter omitido em sua enumeração precisamente os nomes teóforos análogos que se encontram na lista dos reis egípcios, como *Ah-mose*, *Thut-mose* (Tutmés) e *Ra-mose* (Ramsés).

Seria de esperar que algum dos muitos autores que reconheceram o nome "Moisés" como egípcio também tivesse tirado a conclusão, ou pelo menos considerado a possibilidade, de que o portador de um nome egípcio fosse ele próprio um egípcio. Quando se trata dos tempos modernos, nos permitimos tais conclusões sem hesitar, embora atualmente uma pessoa não tenha só um nome, mas dois, o sobrenome e o prenome, e embora, sob condições recentes, mudanças de nome e adaptações não estejam fora de questão. Assim, de forma alguma nos surpreendemos com a confirmação de que o poeta Chamisso é de origem francesa, de que Napoleão Bonaparte, em compensação, é de origem italiana, e de que Benjamin Disraeli é realmente um judeu italiano, como seu nome faz esperar. E, quanto a tempos antigos e primitivos, seria de supor que uma dedução como essa, do nome à nacionalidade, teria de ser muito mais confiável e parecer realmente concludente. No entanto, até onde sei, nenhum historiador fez essa dedução no caso de Moisés, nem mesmo um daqueles que como Breasted, para citá-lo mais uma vez, estão dispostos a admitir que Moisés estava familiarizado "com toda a sabedoria dos egípcios" (1934, p. 354).[3]

Não é possível indicar com segurança o que impediu isso. Talvez o respeito pela tradição bíblica fosse insuperável. Talvez a ideia de que o homem Moisés fosse outra coisa que não um

3. Embora a hipótese de que Moisés fosse egípcio tenha sido formulada com bastante frequência, dos tempos mais antigos até o presente, sem que se recorresse ao seu nome.

hebreu parecesse monstruosa demais. Em todo caso, se verifica que o reconhecimento do nome egípcio não é considerado decisivo para o juízo sobre a origem de Moisés, e que não se extraem conclusões desse reconhecimento. Se considerarmos que a pergunta pela nacionalidade desse grande homem é importante, seria desejável apresentar material novo para sua resposta.

É isso que meu pequeno ensaio empreende. Seu direito a um espaço na revista *Imago* se baseia no fato de o conteúdo de sua contribuição consistir numa aplicação da psicanálise. O argumento assim obtido certamente causará impressão apenas sobre aquela minoria de leitores que está familiarizada com o pensamento analítico e que sabe apreciar seus resultados. Espera-se que tal argumento pareça significativo a esses leitores.

Em 1909, O. Rank, na ocasião ainda sob a minha influência, publicou por sugestão minha um livro intitulado *O mito do nascimento do herói*.[4] Ele trata do fato "de quase todos os povos civilizados importantes (...) terem glorificado cedo, em poesias e lendas, seus heróis, reis e príncipes lendários, seus fundadores de religiões, dinastias, impérios e cidades; em suma, seus heróis nacionais". "Em especial, dotaram a história do nascimento e da juventude dessas pessoas com traços fantásticos, cuja surpreendente semelhança e inclusive parcial coincidência textual em diferentes povos, às vezes separados por grandes distâncias e completamente independentes, é conhecida há muito tempo e chamou a atenção de muitos pesquisadores." Se seguirmos o exemplo de Rank e, mais ou menos segundo a técnica de Galton, construirmos uma "lenda média" que saliente os traços essenciais de todas essas histórias, obteremos a seguinte imagem:

4. Quinto número dos *Schriften zur angewandten Seelenkunde* [*Escritos de psicologia aplicada*]. Viena, Deuticke, 1909. Longe de mim diminuir o valor das contribuições independentes de Rank a esse trabalho.

"O herói é filho de pais *de elevada nobreza*; na maioria dos casos, o filho de um rei.

"Sua geração é precedida por dificuldades, como abstinência, longa infertilidade ou relação secreta dos pais em consequência de proibições ou obstáculos externos. Durante a gravidez, ou já antes, ocorre um anúncio (sonho, oráculo) que adverte sobre seu nascimento, que na maioria das vezes ameaça o pai com perigos.

"Em consequência disso, o recém-nascido é destinado à morte ou ao *abandono*, na maioria dos casos por iniciativa do *pai ou da pessoa que o substitui*; em geral, ele é entregue à *água* dentro de uma *caixinha*.

"Então ele é *salvo* por animais ou por *pessoas humildes (pastores)* e amamentado *pela fêmea de um animal* ou por uma *mulher humilde*.

"Depois de crescido, e por um caminho cheio de vicissitudes, ele volta a encontrar os pais nobres, *vinga-se do pai*, por um lado, é *reconhecido*, por outro, e alcança grandeza e fama."

A mais antiga das pessoas históricas com a qual se relaciona esse mito de nascimento é Sargão de Agade, o fundador da Babilônia (por volta de 2800 a.C.). Não é sem interesse, precisamente para nós, reproduzir aqui o relato a ele próprio atribuído:

"Sargão, o poderoso rei, rei de Agade eu sou. Minha mãe era uma vestal, meu pai eu não conheci, enquanto o irmão do meu pai morava nas montanhas. Em minha cidade, Azupirani, que se encontra às margens do Eufrates, minha mãe, a vestal, ficou grávida de mim. *Ela me deu à luz em segredo. Ela me pôs num recipiente de junco*, fechou sua porta com betume e *me abandonou à corrente*, que não me afogou. A corrente me levou a Akki, o tirador de água. Akki, o tirador de água, na bondade de seu coração me recolheu. *Akki, o tirador de água, me criou como seu próprio filho*. Akki, o tirador de água, me fez seu jardineiro.

Em meu ofício de jardineiro, Istar tomou afeição por mim, eu me tornei rei e por 45 anos exerci o poder real."

Na série que começa com Sargão de Agade, os nomes mais familiares para nós são Moisés, Ciro e Rômulo. Mas, além disso, Rank reuniu um grande número de figuras heroicas, pertencentes à poesia ou à lenda, às quais se atribui essa mesma história de juventude, na totalidade ou em partes bem reconhecíveis: Édipo, Karna, Páris, Télefo, Perseu, Hércules, Gilgamesh, Anfião e Zeto, entre outros.

A fonte e a tendência desse mito nos foram reveladas pelas investigações de Rank. Preciso me referir a elas apenas com alusões sucintas. Um herói é aquele que se levantou com valentia contra o pai e por fim o subjugou vitoriosamente. Nosso mito acompanha essa luta até a pré-história do indivíduo, pois faz a criança nascer contra a vontade do pai e ser salva das suas intenções malvadas. O abandono na caixinha é uma figuração simbólica inequívoca do nascimento; a caixinha é o ventre materno, e a água, o líquido amniótico. Em inúmeros sonhos a relação pais-filho é figurada pelo tirar da água ou pelo salvar da água. Quando a fantasia popular liga o mito de nascimento aqui tratado a uma personalidade eminente, pretende assim reconhecer como herói a pessoa em questão, anunciar que ela cumpriu o esquema de uma vida heroica. Porém, a fonte de toda a poesia é o chamado "romance familiar" da criança, em que o filho reage à modificação de suas relações emocionais com os pais, em especial com o pai. Os primeiros anos da infância são dominados por uma grandiosa supervalorização do pai, em correspondência com a qual o rei e a rainha do sonho e do conto de fadas significam sempre os pais, enquanto mais tarde, sob a influência da rivalidade e da desilusão real, tem início o desligamento dos pais e a atitude crítica quanto ao pai. Em consequência, as duas famílias do mito, a nobre e a humilde, são ambas reflexos da própria família, tal como aparecem à criança em períodos sucessivos da vida.

Pode-se afirmar que tanto a difusão quanto a uniformidade do mito do nascimento do herói se tornam perfeitamente compreensíveis por meio dessas explicações. Tanto mais merece nosso interesse o fato de a lenda do nascimento e do abandono de Moisés ocupar uma posição especial, inclusive contradizendo as outras num ponto essencial.

Vamos partir das duas famílias entre as quais, segundo a lenda, se passa o destino da criança. Sabemos que elas coincidem na interpretação analítica, e que apenas se separam no tempo. Na forma típica da lenda, a primeira família, na qual a criança nasce, é a família nobre, quase sempre no ambiente da realeza; a segunda, na qual a criança cresce, é a família humilde ou degradada, como, aliás, corresponde às circunstâncias em que a interpretação se baseia. Essa diferença se apaga apenas na lenda de Édipo. A criança abandonada por uma família real é adotada por outro casal de reis. Dizemos a nós mesmos que dificilmente será um acaso se precisamente nesse exemplo a identidade original das duas famílias transparecer também na lenda. O contraste social entre as duas famílias dá ao mito – que, como sabemos, deve acentuar a natureza heroica do grande homem – uma segunda função, que se torna importante em especial para personalidades históricas. Ele também pode ser empregado para dar ao herói uma carta de nobreza, para elevá-lo socialmente. Assim, para os medos, Ciro é um conquistador estrangeiro; pela via da lenda do abandono, ele se transforma em neto do rei medo. A situação é parecida no caso de Rômulo; se viveu uma pessoa correspondente a ele, foi um aventureiro errante, um arrivista; por meio da lenda, ele se transforma em descendente e herdeiro da casa real de Alba Longa.

As coisas são completamente diferentes no caso de Moisés. Nele, a primeira família, normalmente a nobre, é bastante modesta. Ele é o filho de levitas judeus. Mas a segunda família, a humilde, na qual o herói normalmente cresce, é substituída pela casa real do Egito; a princesa cria Moisés como seu próprio filho. Esse desvio em relação ao tipo causou estranheza a muitos autores. Eduard Meyer e outros depois dele supuseram que o texto da lenda fosse originalmente outro: o faraó teria sido advertido por um sonho profético[5] de que um filho de sua filha traria perigo para ele e para o reino. Por isso, manda abandonar o menino ao Nilo depois do nascimento. Mas ele é salvo por judeus e criado como seu filho. Em consequência de "motivos nacionais", conforme expressa Rank[6], a lenda experimentou uma modificação e recebeu a forma que conhecemos.

Porém, basta refletir um pouco para ver que tal lenda original de Moisés, que não se diferencia mais das outras, não pode ter existido. Pois ou a lenda é de origem egípcia ou de origem judaica. O primeiro caso está fora de questão; os egípcios não tinham qualquer motivo para glorificar Moisés, ele não era um herói para eles. Assim, a lenda deve ter sido criada pelo povo judeu, isto é, ter sido ligada em sua forma conhecida à pessoa do líder. Só que ela era completamente inapropriada para tanto, pois de que deveria servir a um povo uma lenda que transforma seu grande homem num estrangeiro?

Em sua forma atual, a lenda de Moisés fica notavelmente atrás de seus propósitos ocultos. Se Moisés não é filho de reis, a lenda não pode qualificá-lo como herói; se ele continua sendo filho de judeus, ela não fez nada pela sua elevação. Apenas um pedacinho de todo o mito continua eficaz, a garantia de que a criança sobreviveu apesar de poderosas forças externas, e esse traço também foi repetido pela história da infância de Jesus, em que o rei Herodes assume o papel do faraó. Assim, estamos

5. O que também é mencionado no relato de Flávio Josefo.

6. Rank (1909, p. 80, nota de rodapé).

realmente livres para supor que algum inábil revisor posterior do material lendário se viu levado a acomodar ao seu herói Moisés algo semelhante à lenda clássica de abandono que distingue os heróis, o que, devido às circunstâncias especiais do caso, não podia se adaptar a ele.

Se nossa investigação tivesse de se contentar com esse resultado insatisfatório e, além disso, incerto, nada teria feito para responder a questão de saber se Moisés era um egípcio. Porém, ainda há outro acesso, talvez mais promissor, à apreciação da lenda de abandono.

Voltemos às duas famílias do mito. Sabemos que no nível da interpretação analítica elas são idênticas e que no nível mítico elas se diferenciam como a nobre e a humilde. Porém, quando se trata de uma pessoa histórica à qual o mito se liga, há um terceiro nível, o da realidade. Uma das famílias é a real, na qual a pessoa, o grande homem, realmente nasceu e cresceu; a outra é ficcional, inventada pelo mito ao perseguir suas intenções. Em geral, a família real coincide com a humilde, e a inventada, com a nobre. No caso de Moisés, alguma coisa parece ser um pouco diferente. E agora talvez o novo ponto de vista conduza ao esclarecimento de que a primeira família, a que abandona a criança, em todos os casos que podem ser aproveitados, é a inventada, e a família posterior, em que ela é acolhida e cresce, a efetiva. Se tivermos a coragem de reconhecer essa tese como uma generalidade, à qual também submetemos a lenda de Moisés, reconhecemos de súbito com clareza: Moisés é um egípcio – provavelmente nobre – que a lenda pretende transformar em judeu. E esse seria nosso resultado! O abandono à água estava em seu lugar correto; para se adaptar à nova tendência, seu propósito teve de ser torcido, e não sem violência; ele deixou de ser uma renúncia para se tornar um meio de salvação.

Mas a divergência da lenda de Moisés em relação a todas as outras de sua espécie pôde ser atribuída a uma peculiaridade da história de Moisés. Enquanto no decorrer de sua vida um herói normalmente se eleva acima de seus começos humildes, a vida heroica do homem Moisés começa com o fato de ele descer de sua elevação, de abaixar-se até os filhos de Israel.

Empreendemos esta pequena investigação na expectativa de obter dela um segundo e novo argumento em favor da hipótese de que Moisés era um egípcio. Vimos que o primeiro argumento, baseado no nome, não causou uma impressão decisiva sobre muitos autores.[7] Temos de estar preparados para o fato de que o novo argumento, baseado na análise da lenda de abandono, não terá melhor sorte. Talvez se objete que as circunstâncias da formação e da transformação das lendas são obscuras demais para justificar uma conclusão como a nossa, e que as tradições sobre a figura heroica de Moisés, em sua confusão, suas contradições e com os sinais inequívocos de remodelações e de sobreposições tendenciosas repetidas ao longo de séculos, precisam frustrar todos os esforços para trazer à luz o núcleo de verdade histórica que há por trás delas. Eu próprio não partilho dessa atitude de recusa, mas também não estou em condições de repudiá-la.

Se não era possível obter maior certeza, por que afinal publiquei esta investigação? Lamento que também minha justificativa não possa ir além das indicações. Pois se nos deixarmos levar pelos dois argumentos aqui mencionados e tentarmos levar a sério a hipótese de que Moisés era um egípcio nobre, resultam perspectivas muito interessantes e de grande alcance. Com o

7. É assim que Meyer (1905, p. 651), por exemplo, afirma: "O nome 'Moisés' provavelmente é egípcio; o nome 'Pinchas', na estirpe sacerdotal de Silo, (...) o é sem dúvida. Isso naturalmente não prova que essas estirpes eram de origem egípcia, mas que tinham relações com o Egito". Porém, podemos perguntar em que tipo de relações devemos pensar nesse caso.

auxílio de certas hipóteses, não muito remotas, acreditamos entender os motivos que guiaram Moisés em seu passo incomum e, em estreita conexão com isso, compreendemos a possível fundamentação de numerosas características e particularidades da legislação e da religião que ele deu ao povo dos judeus, e somos inclusive estimulados a formular opiniões significativas sobre a origem das religiões monoteístas em geral. Só que explicações de tipo tão importante não podem ser baseadas apenas em probabilidades psicológicas. Se admitirmos a condição egípcia de Moisés como um ponto de apoio histórico, ainda necessitamos de pelo menos um segundo ponto firme para proteger a abundância de possibilidades que surgem contra a crítica de que seriam produto da fantasia e que estariam afastadas demais da realidade. Talvez uma prova objetiva quanto à época em que Moisés viveu e, assim, quanto à época em que ocorreu o êxodo do Egito tivesse satisfeito essa necessidade. Mas tal prova não foi encontrada, e, por isso, será melhor não comunicar todas as demais conclusões derivadas da ideia de que Moisés era um egípcio.

II
Se Moisés era um egípcio...

Numa contribuição anterior a esta revista[1], tentei corroborar por meio de um novo argumento a hipótese de que o homem *Moisés*, o libertador e o legislador do povo judeu, não era um judeu, e sim um egípcio. Já se havia observado há muito tempo que seu nome provém do vocabulário egípcio, embora esse fato não tenha sido apreciado de maneira correspondente; acrescentei que a interpretação do mito de abandono ligado a Moisés obrigava à conclusão de que ele havia sido um egípcio que a necessidade de um povo quis transformar em judeu. No final de meu ensaio, afirmei que da hipótese de que Moisés havia sido um egípcio se derivavam conclusões importantes e de grande alcance, mas que eu não estava pronto para defendê-las publicamente, pois repousam apenas em probabilidades psicológicas e carecem de uma prova objetiva. Quanto mais significativas são as ideias assim obtidas, tão mais fortemente ouvimos a advertência de não expô-las ao ataque crítico do mundo circundante sem fundamentação segura, como se fossem uma imagem de bronze com pés de barro. Por mais sedutora que seja uma probabilidade, ela não protege contra o erro; mesmo quando todas as partes de um problema parecem se encaixar como as peças de um quebra-cabeça, seria preciso lembrar que o provável não é necessariamente o verdadeiro, e que a verdade nem sempre é provável. E, por fim, não é atraente ser incluído entre os escolásticos e os talmudistas que se contentam em exercitar sua perspicácia sem se importar com o quanto suas teses possam ser alheias à realidade.

1. "Moisés, um egípcio". *Imago*, vol. 23, n. 1, 1937.

Apesar desses escrúpulos, que hoje continuam sendo tão sérios quanto antes, resultou do conflito entre meus motivos a decisão de publicar a sequência daquela primeira comunicação. Porém, mais uma vez não se trata do todo, e nem da parte mais importante do todo.

1

Se, portanto, Moisés era um egípcio, o primeiro ganho obtido dessa hipótese é um novo enigma, difícil de responder. Se um povo ou uma tribo[2] se dispõe a um grande empreendimento, não se pode esperar outra coisa senão que um de seus membros se arvore em líder ou seja destinado a esse papel por meio de votação. Porém, não é fácil descobrir o que pode ter levado um egípcio nobre – talvez príncipe, sacerdote ou alto funcionário – a se colocar à frente de um grupo de estrangeiros imigrados, culturalmente atrasados, e abandonar com eles o país. O conhecido desprezo dos egípcios pelos povos estrangeiros torna tal acontecimento especialmente improvável. Acredito que foi precisamente por isso que mesmo os historiadores que reconheceram o nome como egípcio e atribuíram ao homem toda a sabedoria do Egito não quiseram aceitar a possibilidade óbvia de Moisés ser um egípcio.

A essa primeira dificuldade se soma logo uma segunda. Não devemos esquecer que Moisés não era apenas o líder político dos judeus estabelecidos no Egito, mas também seu legislador e educador, e que os obrigou a servir a uma nova religião que ainda hoje, de acordo com seu nome, é chamada de mosaica. Mas será que é tão fácil a um único homem criar uma nova religião? E, se alguém quiser influenciar a religião de outro, não é o mais natural que o converta à sua própria religião? O povo judeu no

2. Não temos qualquer ideia dos números envolvidos no êxodo do Egito.

Egito certamente não era desprovido de alguma forma de religião, e, se Moisés, que lhe deu uma nova, era um egípcio, não se pode rejeitar a suposição de que essa outra religião, a nova, era a egípcia.

Algo estorva essa possibilidade: o fato de haver uma tremenda oposição entre a religião judaica atribuída a Moisés e a egípcia. A primeira, um monoteísmo grandiosamente rígido; há apenas um deus, ele é único, onipotente, inacessível; não se suporta sua visão, não é permitido fazer qualquer imagem sua e nem sequer pronunciar seu nome. Na religião egípcia, uma multidão, difícil de abarcar com a vista, de divindades de variada dignidade e origem; algumas, personificações de grandes potências naturais, como o céu e a Terra, o Sol e a Lua; em casos isolados, uma abstração como Maat (verdade, justiça) ou uma caricatura como o anão Bes, mas a maioria deuses locais da época em que o país estava dividido em inúmeros distritos, deuses com forma de animais, como se ainda não tivessem concluído o desenvolvimento a partir dos antigos animais totêmicos, e indistintamente separados uns dos outros, de modo que mal lhes eram atribuídas funções específicas. Os hinos em honra desses deuses dizem mais ou menos a mesma coisa de cada um deles e os identificam uns com os outros sem consideração, de uma maneira que nos confundiria completamente. Nomes de deuses são combinados entre si, de modo que um quase é rebaixado à categoria de epíteto do outro; assim, no apogeu do "Novo Império", o deus principal da cidade de Tebas se chama Amon-Rá, nome composto cuja primeira parte significa o deus da cidade dotado de cabeça de carneiro, enquanto Rá é o nome do deus do Sol com cabeça de gavião da cidade de On. Ações mágicas e cerimoniais, fórmulas de encantamento e amuletos dominavam o culto desses deuses assim como a vida cotidiana dos egípcios.

Muitas dessas diferenças poderão se derivar facilmente da oposição fundamental entre um monoteísmo rigoroso e um politeísmo sem limites. Outras são evidentemente consequências da diferença de nível espiritual, visto que uma das religiões está muito próxima de fases primitivas e a outra se elevou às alturas da sublime abstração. Talvez seja por causa desses dois fatores que vez por outra se tem a impressão de que a oposição entre as religiões mosaica e egípcia é proposital e aguçada de maneira intencional; por exemplo, quando a primeira condena com o maior rigor qualquer espécie de magia e de feitiçaria, que, no entanto, vicejam da maneira mais exuberante na outra. Ou quando ao gosto insaciável dos egípcios em corporificar seus deuses em argila, pedra e bronze, ao qual tanto devem hoje nossos museus, se contrapõe a áspera proibição de representar numa imagem qualquer ser vivo ou imaginado. Mas ainda há outra oposição entre as duas religiões que não é contemplada pelas explicações que tentamos. Nenhum outro povo da Antiguidade fez tanto para desmentir a morte, cuidou de maneira tão meticulosa em possibilitar uma existência no além, e, em harmonia com isso, Osíris, o deus dos mortos e o senhor desse outro mundo, era o mais popular e o mais incontestado de todos os deuses egípcios. Em compensação, a religião judaica antiga renunciou completamente à imortalidade; jamais, e em parte alguma, se menciona a possibilidade de uma continuação da existência depois da morte. E isso é tanto mais notável quanto experiências posteriores mostraram que a crença numa existência no além pode se conciliar muito bem com uma religião monoteísta.

Esperávamos que a hipótese de que Moisés era um egípcio se mostrasse fecunda e esclarecedora em diversas direções. Porém, nossa primeira inferência dessa hipótese – que a nova religião que ele deu aos judeus era sua própria religião, a egípcia – fracassou devido à nossa compreensão da diferença, inclusive antagonismo, existente entre as duas religiões.

2

Um fato notável da história egípcia da religião, que apenas tardiamente foi reconhecido e apreciado, nos abre outra perspectiva. É possível que a religião que Moisés deu a seu povo judeu fosse, afinal, sua própria religião, *uma* religião egípcia, embora não *a* egípcia.

Na gloriosa XVIII dinastia, sob a qual o Egito se tornou um império mundial, subiu ao trono por volta de 1375 a.C. um jovem faraó que de início se chamava Amenófis (IV) como seu pai, porém mais tarde trocou seu nome, e não apenas seu nome. Esse rei tratou de impingir a seus egípcios uma nova religião, que contrariava suas tradições milenares e todos os seus conhecidos hábitos de vida. Era um monoteísmo rigoroso, a primeira tentativa desse tipo na história universal até onde sabemos, e, com a crença num deus único, como se fosse inevitável, nasceu a intolerância religiosa, que fora desconhecida da Antiguidade antes disso e ainda o seria por muito tempo depois. Mas o reinado de Amenófis durou apenas dezessete anos; logo depois de sua morte, ocorrida em 1358 a.C., a nova religião havia sido varrida, e a memória do rei herético, proscrita. O pouco que dele sabemos provém do campo de ruínas da nova residência que ele havia construído e consagrado a seu deus e das inscrições nas tumbas de pedra correspondentes. Tudo o que podemos saber sobre essa personalidade notável, singular até, é digno do máximo interesse.[3]

Tudo o que é novo precisa ter seus preparativos e precondições no que veio antes. As origens do monoteísmo egípcio podem ser seguidas com alguma certeza por um trecho do passado.[4] Na

---

3. Breasted o chama de "*the first individual in human history*" ["o primeiro indivíduo na história humana"].

4. O que segue se baseia principalmente nas exposições de J.H. Breasted em *Uma história do Egito* (1906), bem como em *O despertar da consciência* (1934) e nas seções correspondentes de *The Cambridge Ancient History*, vol. 2.

escola sacerdotal do templo do Sol de On (Heliópolis), se encontravam em ação há muito tempo tendências para desenvolver a ideia de um deus universal e acentuar o aspecto ético de seu ser. Maat, a deusa da verdade, da ordem e da justiça, era uma filha do deus do Sol, Rá. Já sob Amenófis III, pai e predecessor do reformador, a veneração do deus do Sol experimentou um novo desenvolvimento, provavelmente numa oposição a Amon de Tebas, que havia adquirido grande poder. Um antiquíssimo nome do deus do Sol, Aton ou Atum, foi revivido, e nessa *religião de Aton* o jovem rei encontrou um movimento que ele não precisava primeiro despertar, mas ao qual podia aderir.

Por essa época, a situação política do Egito começou a influenciar a religião egípcia de maneira duradoura. Devido aos feitos bélicos do grande conquistador Tutmés III, o Egito se tornara uma potência mundial; agregaram-se ao império a Núbia, ao sul, e a Palestina, a Síria e uma parte da Mesopotâmia, ao norte. Esse imperialismo se refletia agora na religião como universalismo e monoteísmo. Visto que a tutela do faraó abrangia agora não só o Egito, mas também a Núbia e a Síria, a divindade também teve de renunciar à sua limitação nacional, e como o faraó era o soberano único e absoluto do mundo conhecido pelos egípcios, o mesmo tinha de acontecer com a nova divindade dos egípcios. Além disso, era natural que com a expansão dos limites do império o Egito se tornasse mais acessível a influências estrangeiras; muitas das mulheres reais[5] eram princesas asiáticas, e é possível que mesmo estímulos diretos ao monoteísmo tenham penetrado a partir da Síria.

Amenófis nunca desmentiu sua adesão ao culto solar de On. Nos dois hinos a Aton, conservados nas inscrições das tumbas de pedra e provavelmente compostos por ele próprio, Amenófis louva o sol como criador e mantenedor de tudo o

5. Talvez inclusive Nefertiti, a amada esposa de Amenófis.

que é vivo dentro e fora do Egito com um fervor que só retorna muitos séculos depois nos salmos em honra do deus judeu Jeová. Mas ele não se satisfez com essa espantosa antecipação do conhecimento científico sobre o efeito da radiação solar. Não há dúvida de que ele deu um passo a mais, que ele não venerava o sol como objeto material, e sim como símbolo de um ser divino cuja energia se manifestava em seus raios.[6]

Porém, não faremos justiça ao rei se o considerarmos apenas como o adepto e o fomentador de uma religião de Aton já existente antes dele. Sua atividade foi muito mais decisiva. Ele acrescentou algo novo que permitiu que a doutrina do deus universal só então se transformasse em monoteísmo: o fator da exclusividade. Isso é dito de maneira explícita num de seus hinos: "Ó tu, único Deus, ao lado do qual não há outro".[7] E não esqueçamos que para apreciar a nova doutrina não basta apenas conhecer seu conteúdo positivo; quase tão importante é seu lado negativo, é conhecer aquilo que ela rejeita. Também seria errôneo supor que a nova religião tenha sido chamada à vida de um só golpe, pronta e inteiramente armada como Atena da cabeça de Zeus. Pelo contrário, tudo aponta para o fato de que durante o

6. Breasted (1906, p. 360): "*But however evident the Heliopolitan origin of the new state religion might be, it was not merely sun-worship; the word Aton was employed in the place of the old word for 'god'* (nuter) *and the god is clearly distinguished from the material sun.*" ["Porém, por mais evidente que possa ser a origem heliopolitana da nova religião estatal, ela não era meramente adoração do Sol; a palavra 'Aton' era empregada no lugar da antiga palavra para 'deus' (*nuter*), e o deus é claramente distinto do Sol material."] "*It is evident that what the king was deifying was the force, by which the Sun made itself felt on earth*" ["É evidente que aquilo que o rei estava deificando era a força pela qual o Sol se faz sentir na Terra"] (Breasted, 1934, p. 279). – Em A. Erman (1905) encontramos um juízo semelhante sobre uma fórmula para honrar o deus: "São (...) palavras que têm a finalidade de expressar da maneira mais abstrata possível que não se venera o próprio astro, e sim o ser que nele se revela".

7. Breasted (1906, p. 374, nota de rodapé).

reinado de Amenófis ela se fortaleceu pouco a pouco, adquirindo clareza, consequência, aspereza e intolerância sempre maiores. Esse desenvolvimento provavelmente se efetuou sob a influência do violento antagonismo que se levantou contra a reforma do rei entre os sacerdotes de Amon. No sexto ano do reinado de Amenófis, as hostilidades já tinham avançado tanto que o rei mudou seu nome, do qual o nome do deus Amon, agora malvisto, fazia parte. Em vez de *Amenófis*, passou a se chamar *Ikhnaton*.[8] Porém, ele não eliminou o nome do deus odiado apenas do seu próprio nome, mas também de todas as inscrições e mesmo ali onde se encontrava no nome de seu pai, Amenófis III. Logo depois da mudança de nome, Ikhnaton deixou Tebas, dominada por Amon, e construiu, rio abaixo, uma nova residência, que chamou de Akhetaton (horizonte de Aton). Seu campo de ruínas se chama hoje Tell-el-Amarna.[9]

A perseguição do rei atingiu Amon da maneira mais dura, mas não só ele. Por todo o império os templos foram fechados, o culto foi proibido e os bens dos templos foram confiscados. Sim, o zelo do rei foi tão longe que ele mandou examinar os antigos monumentos a fim de eliminar deles a palavra "deus" quando usada no plural.[10] Não é de admirar que essas medidas de Ikhnaton produzissem uma atmosfera de fanática sede de vingança no clero oprimido e no povo insatisfeito, uma sede que pôde agir livremente depois da morte do rei. A religião de Aton não se tornara popular e provavelmente ficara restrita a um pequeno círculo em torno de sua pessoa. O fim de Ikhnaton está envolto em trevas. Sabemos de alguns sucessores efêmeros

8. No caso desse nome, sigo a grafia inglesa (a usual é *Akhenaton*). O novo nome do rei significa mais ou menos a mesma coisa que o anterior: "O deus está contente". Ver nossos Gotthold e Gottfried.

9. Ali se descobriu em 1887 a correspondência dos reis egípcios com seus amigos e vassalos da Ásia, tão importante para o conhecimento histórico.

10. Breasted (1906, p. 363).

e vagos de sua família. Seu genro Tutankhaton já foi obrigado a voltar a Tebas e substituir em seu nome o deus Aton por Amon. Seguiu-se então um período de anarquia, até que em 1350 a.C. o general Haremhab conseguiu restabelecer a ordem. A gloriosa XVIII dinastia estava extinta, e, ao mesmo tempo, se perderam suas conquistas na Núbia e na Ásia. Nesse intervalo sombrio, as antigas religiões do Egito foram reintroduzidas. A religião de Aton fora abolida, a residência de Ikhnaton, destruída e saqueada, e sua memória, proscrita como a de um criminoso.

A serviço de um propósito determinado, destacaremos agora alguns pontos da caracterização negativa da religião de Aton. Em primeiro lugar, o fato de ela excluir tudo o que é místico, mágico e encantatório.[11]

Além disso, a maneira de representar o deus do Sol, não mais como em tempos anteriores por meio de uma pequena pirâmide e um falcão, e sim, o que quase cabe chamar de sóbrio, por meio de um disco redondo do qual emanam raios que terminam em mãos humanas. Apesar de todo o apreço pelas artes do período de Amarna, não se encontrou outra representação do deus do Sol, uma imagem pessoal de Aton, e podemos dizer com segurança que ela não será encontrada.[12]

---

11. Weigall (1922, p. 120-121) afirma que Ikhnaton nada queria saber de um inferno contra cujos pavores era preciso se proteger por meio de inúmeras fórmulas mágicas. "*Akhnaton flung all these formulae into the fire. Djins, bogies, spirits, monsters, demigods, demons and Osiris himself with all his court, were swept into the blaze and reduced to ashes.*" ["Akhnaton lançou todas essas fórmulas ao fogo. Gênios, fantasmas, espíritos, monstros, semideuses, demônios e o próprio Osíris com toda sua corte foram lançados às chamas e reduzidos a cinzas."]

12. A. Weigall (1922, p. 103): "*Akhnaton did not permit any graven image to be made of the Aton. The True God, said the King, had no form; and he held to this opinion throughout his life*". ["Akhnaton não permitiu que se fizesse qualquer imagem gravada de Aton. O Verdadeiro Deus, dizia o rei, não tem forma; e ele defendeu essa opinião durante toda a sua vida."]

Por fim, o completo silêncio sobre Osíris, o deus dos mortos, e sobre o reino dos mortos. Nem os hinos nem as inscrições tumulares sabem algo daquilo que talvez estivesse mais próximo do coração dos egípcios. A oposição à religião popular não pode ser ilustrada de maneira mais clara.[13]

3

Gostaríamos agora de ousar esta conclusão: se Moisés era um egípcio e se transmitiu aos judeus sua própria religião, essa era a de Ikhnaton, a religião de Aton.

Há pouco comparamos a religião judaica com a religião popular egípcia e constatamos a oposição entre ambas. Agora devemos fazer uma comparação entre a religião judaica e a de Aton, na expectativa de demonstrar a identidade original entre ambas. Sabemos que a tarefa não é fácil. Graças à sede de vingança dos sacerdotes de Amon, talvez saibamos muito pouco sobre a religião de Aton. Conhecemos a religião mosaica apenas numa conformação final, tal como foi fixada pelo clero judaico cerca de oitocentos anos depois, durante o período pós-exílio. Se, apesar das condições desfavoráveis do material, encontrarmos alguns indícios favoráveis à nossa hipótese, estamos autorizados a lhes dar grande valor.

Haveria um caminho curto para demonstrar nossa tese de que religião mosaica não é outra coisa senão a de Aton, a saber, um caminho que passa por uma confissão, uma proclamação. Porém, temo que nos digam que esse caminho não é transitável. Como se sabe, a confissão de fé judaica reza: "*Schema Jisroel*

13. Erman (1905, p. 70): "Não se ouviria falar mais nada sobre Osíris e seu reino". – Breasted (1934, p. 291): "*Osiris is completely ignored. He is never mentioned in any record of Ikhnaton or in any of the tombs at Amarna*". ["Osíris é completamente ignorado. Ele jamais é mencionado em qualquer inscrição de Ikhnaton ou em qualquer das tumbas de Amarna."]

Adonai Elohenu Adonai Echod ".[14] Se o nome do egípcio Aton (ou Atum) não lembra a palavra hebraica "Adonai" e o nome do deus sírio Adônis apenas casualmente, mas em consequência de uma antiquíssima comunhão linguística e semântica, poderíamos traduzir aquela fórmula judaica da seguinte maneira: "Ouve, Israel, nosso Deus Aton (Adonai) é o único Deus". Infelizmente, não tenho competência alguma para responder a essa questão e também não encontrei muita coisa a respeito na literatura[15], mas é provável que não possamos facilitar as coisas para nós dessa maneira. De resto, ainda teremos de voltar mais uma vez aos problemas do nome do deus.

Tanto as semelhanças quanto as diferenças entre as duas religiões são facilmente visíveis, sem que nos tragam muito esclarecimento. Ambas são formas de monoteísmo rigoroso, e de antemão nos inclinaremos a atribuir as correspondências entre elas a esse caráter fundamental. Em alguns pontos, o monoteísmo judaico se comporta de maneira ainda mais áspera do que o egípcio; por exemplo, ao proibir quaisquer representações plásticas. A diferença essencial – não considerando o nome do deus – se mostra no fato de a religião judaica prescindir completamente da adoração do Sol, na qual a egípcia ainda se apoiava. Na comparação com a religião popular egípcia, havíamos recebido a impressão de que na diferença entre as duas religiões, além da oposição fundamental, tomava parte um fator de oposição

14. "Ouve, Israel, o Senhor nosso Deus é o único Senhor" (*Deuteronômio* 6, 4). (N.T.)

15. Apenas alguns trechos em Weigall (1922, p. 12 e 19): "O deus Atum, que designava Rá como o Sol poente, talvez tivesse a mesma origem que Aton, universalmente adorado no norte da Síria, e, por isso, uma rainha estrangeira com seu séquito talvez tenha se sentido mais atraída a Heliópolis do que a Tebas".

intencional. Essa impressão parece agora justificada se na comparação substituirmos a religião judaica pela de Aton, que Ikhnaton, como sabemos, desenvolveu em hostilidade deliberada à religião popular. Com razão ficamos admirados com o fato de a religião judaica nada querer saber do além e da vida após a morte, pois tal doutrina seria compatível com o mais rigoroso monoteísmo. Essa admiração desaparece quando retrocedemos da religião judaica à de Aton e supomos que essa recusa foi tomada desta última, pois para Ikhnaton tal recusa era uma necessidade no combate à religião popular, em que Osíris, o deus dos mortos, talvez desempenhasse um papel maior do que qualquer deus do mundo superior. A correspondência entre a religião judaica e a de Aton nesse ponto importante é o primeiro argumento forte em favor de nossa tese. Veremos que não é o único.

Moisés não deu aos judeus apenas uma nova religião; com a mesma segurança também podemos afirmar que introduziu entre eles o costume da circuncisão. Esse fato tem uma importância decisiva para nosso problema e mal chegou a ser apreciado. É verdade que o relato bíblico o contradiz várias vezes; por um lado, remonta a circuncisão ao tempo dos patriarcas, como sinal da aliança entre Deus e Abraão; por outro lado, narra numa passagem especialmente obscura que Deus se enfureceu com Moisés porque este negligenciou o costume sagrado, quis matá-lo por isso, e que a esposa de Moisés, uma midianita, executou rapidamente a operação e salvou o marido ameaçado da ira de Deus. Mas isso são distorções que não devem nos confundir; mais tarde iremos compreender seus motivos. Permanece o fato de que há apenas uma resposta à pergunta sobre a procedência do costume da circuncisão entre os judeus: ele proveio do Egito. Heródoto, o "pai da história", nos comunica que o costume da circuncisão estava estabelecido no Egito há muito tempo, e suas indicações foram confirmadas pelas descobertas feitas em múmias e inclusive por representações nas paredes das tumbas. Até onde sabemos, nenhum outro povo do Mediterrâneo oriental praticou esse costume; é seguro supor que semitas, babilônios e sumérios eram incircuncisos. Quanto aos habitantes de Canaã, a própria história bíblica o afirma; é o pressuposto para o desfecho da aventura da filha de Jacó com o príncipe de Siquém.[16] Podemos rejeitar como completamente infundada a possibilidade de os judeus que se encontravam no Egito terem adotado o costume da circuncisão por outra via que não em conexão com a religião fundada por Moisés. Retenhamos o fato de que a circuncisão era praticada no Egito como costume popular universal e acrescentemos por um momento a hipótese corrente de que Moisés era um judeu que queria livrar seus compatriotas da servidão egípcia e conduzi-los ao desenvolvimento de uma existência nacional autônoma e autoconfiante fora do país – como, afinal, realmente aconteceu –: que sentido poderia ter lhes impor ao mesmo tempo um costume penoso que de certa maneira os transformava em egípcios e necessariamente mantinha sempre viva a lembrança do Egito enquanto a aspiração de Moisés só poderia estar dirigida para o contrário disso, ou seja, que seu povo se afastasse da terra da servidão e superasse a nostalgia das "panelas de carne do Egito"? Não, o fato do qual partimos e a hipótese que a ele acrescentamos são tão incompatíveis entre si que encontramos

16. Ao procedermos de maneira tão despótica e arbitrária com a tradição bíblica, invocando-a para confirmação quando nos convém e rejeitando-a sem hesitar quando nos contradiz, sabemos muito bem que nos expomos a uma séria crítica metodológica e diminuímos a força probatória de nossos argumentos. Porém, é a única maneira de tratar um material cuja confiabilidade, como se sabe com certeza, foi gravemente prejudicada pela influência de tendências deturpadoras. Espera-se adquirir mais tarde certa justificação ao descobrir esses motivos secretos. A certeza não pode ser alcançada de forma alguma, e, de resto, podemos dizer que todos os outros autores procederam da mesma maneira.

a coragem para esta conclusão: se Moisés deu aos judeus não apenas uma nova religião, mas também o mandamento da circuncisão, ele não era um judeu, e sim um egípcio, e então a religião mosaica provavelmente era egípcia, e, mais exatamente, devido à oposição à religião popular, a religião de Aton, com a qual a posterior religião judaica também coincide em alguns pontos notáveis.

Vimos que nossa hipótese de que Moisés não seria um judeu, e sim um egípcio, cria um novo enigma. O modo de agir que parecia facilmente compreensível no caso do judeu se torna incompreensível no caso do egípcio. Porém, se situamos Moisés no tempo de Ikhnaton e o relacionamos com esse faraó, esse enigma desaparece, e se revela a possibilidade de uma motivação que responde a todas as nossas perguntas. Partamos do pressuposto de que Moisés era um homem nobre e de alta posição, talvez realmente um membro da casa real, como afirma a lenda. Ele certamente era consciente de suas grandes capacidades, ambicioso e enérgico; talvez até imaginasse um dia liderar o povo, comandar o império. Próximo do faraó, era um adepto convicto da nova religião, de cujos pensamentos fundamentais se apropriara. Com a morte do rei e o início da reação, viu destruídas todas as suas esperanças e perspectivas; se não quisesse abjurar as convicções que lhe eram caras, o Egito nada mais tinha a lhe oferecer; ele tinha perdido sua pátria. Nessa situação calamitosa, ele encontrou uma saída incomum. O sonhador Ikhnaton se afastara de seu povo e deixara seu império mundial se desintegrar. À natureza enérgica de Moisés correspondia o plano de fundar um novo império, de encontrar outro povo ao qual queria dar a religião desdenhada pelo Egito para que fosse venerada. Era, como se vê, uma tentativa heroica de contestar o destino, de obter uma compensação, em dois sentidos, pelas perdas que a catástrofe de Ikhnaton lhe trouxera. Talvez ele fosse naquela época o governador daquela província fronteiriça (Gósen) em que (ainda na época dos hicsos?) certas tribos semíticas tinham se estabelecido.[17] E ele escolheu essas tribos para que fossem seu novo povo. Uma decisão de peso na história mundial![18] Ele entrou em acordo com elas, assumiu sua liderança e cuidou de sua emigração "com mão forte". Em completa oposição à tradição bíblica, caberia supor que esse êxodo ocorreu de maneira pacífica e sem perseguição. Ele foi possibilitado pela autoridade de Moisés, e não existia na época um poder central que pudesse impedi-lo.

Segundo essa nossa construção, o êxodo do Egito teria ocorrido no período entre 1358 e 1350 a.C., isto é, depois da morte de Ikhnaton e *antes* do restabelecimento da autoridade estatal por Haremhab.[19] A meta da migração só podia ser a terra de Canaã. Depois do colapso do império egípcio, Canaã foi invadida por bandos de arameus belicosos,

---

17. Conforme *Gênesis* 45, 10, Gósen foi a região destinada por José a seus irmãos e a seu pai, Jacó. Quanto aos hicsos (informam os editores da *Freud-Studienausgabe*), foram um povo semítico de pastores que dominou o norte do Egito cerca de duzentos anos antes da época de Ikhnaton. (N.T.)

18. Se Moisés era um alto funcionário, isso facilita nossa compreensão do papel de líder que ele assumiu entre os judeus; se era um sacerdote, era natural proceder como fundador de uma religião. Nos dois casos, seria a continuação do ofício que até então desempenhara. Um príncipe da casa real podia facilmente ser as duas coisas, governador e sacerdote. No relato de Flávio Josefo (*Antiguidades judaicas*), que adota a lenda do abandono, mas parece conhecer outras tradições que não a bíblica, Moisés, no posto de general egípcio, conduziu uma campanha vitoriosa na Etiópia.

19. Isso seria mais ou menos um século antes do que supõe a maioria dos historiadores, que situam o êxodo na XIX dinastia, sob Merneptah. Talvez um pouco mais tarde, pois a historiografia oficial parece ter incluído o interregno no período do governo de Haremhab.

conquistando e pilhando, que assim mostraram o lugar onde um povo capaz poderia conseguir novas terras. Conhecemos esses guerreiros pelas cartas que foram encontradas em 1887 no arquivo da cidade arruinada de Amarna. Nessas cartas, eles são chamados de *habirus*, e o nome, não se sabe como, passou aos invasores judaicos posteriores – *hebreus* –, que não poderiam ser mencionados nas cartas de Amarna. Ao sul da Palestina – em Canaã – também moravam aquelas tribos que eram as parentes mais próximas dos judeus que agora emigravam do Egito.

A motivação que descobrimos para o êxodo como um todo abrange também a instituição da circuncisão. Sabe-se de que maneira os seres humanos, tanto povos quanto indivíduos, se comportam quanto a esse costume antiquíssimo, que já mal se compreende. Ele parece muito estranho para aqueles que não o praticam, e os assusta um pouco – mas os outros, que adotaram a circuncisão, têm orgulho disso. Eles se sentem elevados por meio dela, como que enobrecidos, e olham com desdém para os outros, que consideram impuros. Ainda hoje o turco xinga o cristão de "cão incircunciso". É provável que Moisés, que na condição de egípcio era ele próprio circuncidado, partilhasse tal opinião. Os judeus com os quais abandonou a pátria deveriam ser para ele um substituto melhor dos egípcios que deixou para trás no país. De forma alguma deveriam ficar atrás destes. Ele queria fazer deles uma "nação santa", como é dito expressamente no texto bíblico, e como sinal dessa consagração introduziu também entre eles o costume que pelo menos os equiparava aos egípcios. Também só lhe poderia ser bem-vindo que esse sinal os isolasse e impedisse a miscigenação com os povos estrangeiros que encontrariam durante sua migração, da mesma forma que os próprios egípcios tinham se separado de todos os estrangeiros.[20]

Porém, a tradição judaica se comportou mais tarde como se estivesse oprimida pela conclusão que acabamos de apresentar. Quando se admitia que a circuncisão era um costume egípcio introduzido por Moisés, isso era quase o mesmo que reconhecer que a religião que Moisés lhes transmitiu também havia sido egípcia. Mas havia boas razões para desmentir esse fato; por conseguinte, também se tinha de contradizer os fatos relacionados à circuncisão.

4

Neste ponto, espero que me façam a censura de que apresentei minha construção, que situa Moisés, o egípcio, no tempo de Ikhnaton, deriva sua decisão de cuidar do povo judeu a partir

20. Heródoto, que visitou o Egito por volta de 450 a.C., faz em seu relato de viagem uma caracterização do povo egípcio que apresenta uma semelhança espantosa com traços conhecidos do judaísmo posterior: "Eles são geralmente mais devotos em todos os pontos que os demais homens, dos quais já se separam por meio de muitos de seus costumes. Por exemplo, pela circuncisão, que foram os primeiros a instituir, e mais exatamente por razões de pureza; além disso, pelo seu horror aos porcos, que certamente está relacionado ao fato de Set ter ferido Hórus sob a forma de um porco preto; por fim, e sobretudo, pelo seu respeito pelas vacas, que jamais comeriam ou sacrificariam, pois ao fazê-lo ofenderiam Ísis, que ostenta chifres de vaca. Por isso, nenhum egípcio e nenhuma egípcia jamais beijaria um grego ou usaria sua faca, seu espeto ou seu caldeirão, ou comeria a carne de um boi (de outra maneira) puro que tivesse sido cortada com uma faca grega (...). Com uma tacanhez altiva, desdenhavam os outros povos, que eram impuros e não estavam tão próximos dos deuses quanto eles". (Segundo Erman, 1905, p. 181.)
Naturalmente, não queremos esquecer paralelos extraídos da vida do povo indiano. E, aliás, quem inspirou o poeta judeu Heinrich Heine, no século XIX d.C., a lamentar sua religião como "a praga arrastada desde o vale do Nilo, a doentia fé do antigo Egito"?

das condições políticas do país naquela época e reconhece a religião que ele dá ou impõe a seus protegidos como a de Aton, que acabara de sucumbir no próprio Egito – espero que me façam a censura, pois, de que apresentei essa construção de conjecturas com segurança grande demais, não fundamentada no material. Acredito que a censura é injustificada. Já acentuei o fator da dúvida na introdução, colocando-o, por assim dizer, antes do parêntese, e assim pude me poupar de repeti-lo diante de cada elemento em seu interior.

Algumas de minhas próprias observações críticas podem dar continuidade à exposição. A parte essencial de nossa hipótese, a dependência do monoteísmo judaico em relação ao episódio monoteísta da história do Egito, foi suspeitada e apontada por diversos autores. Poupo-me de reproduzir aqui essas vozes, visto que nenhuma delas sabe indicar por que via essa influência pode ter ocorrido. Se, para nós, tal influência permanece ligada à pessoa de Moisés, também cabe considerar outras possibilidades além daquela que preferimos. Não é de supor que a queda da religião oficial de Aton tenha acabado inteiramente com a corrente monoteísta no Egito. A escola sacerdotal de On, em que ela teve sua origem, resistiu à catástrofe, e seus raciocínios ainda poderiam ser capazes de cativar por gerações depois de Ikhnaton. Assim, o feito de Moisés é imaginável, mesmo que ele não tenha vivido na época de Ikhnaton e não tenha experimentado sua influência pessoal, mas sido apenas adepto ou inclusive membro da escola de On. Essa possibilidade deslocaria o momento do êxodo e o aproximaria mais da data que se costuma supor (no século XIII a.C.); porém, ela não tem mais nada que a recomende. A compreensão dos motivos de Moisés se perderia, e a facilitação do êxodo pela anarquia dominante no país seria eliminada. Os reis seguintes, da XIX dinastia, governaram com severidade. Todas as condições externas e internas favoráveis ao êxodo se encontram apenas na época imediatamente posterior à morte do rei herético.

Os judeus possuem uma rica literatura extrabíblica em que encontramos as lendas e os mitos que no decorrer dos séculos se formaram em torno da grandiosa figura do primeiro líder e fundador de sua religião, lendas e mitos que a glorificaram e obscureceram. É possível que nesse material se achem dispersos fragmentos de boa tradição que não encontraram lugar no Pentateuco. Uma dessas lendas descreve de maneira atraente como a ambição do homem Moisés já se manifestou na infância. Quando o faraó certa vez o tomou nos braços e, em meio a uma brincadeira, o levantou, o menininho de três anos arrancou a coroa da sua cabeça e a colocou sobre a própria. O rei se assustou com esse presságio e não deixou de consultar seus sábios a respeito.[21] Noutra passagem, narram-se façanhas militares vitoriosas que ele realizou na Etiópia na condição de general egípcio e, ligado a isso, o fato de que fugiu do Egito porque precisava temer a inveja de um partido da corte ou do próprio faraó. A própria exposição bíblica confere a Moisés alguns traços aos quais se poderia atribuir autenticidade. Ela o descreve como um homem colérico, que se irrita facilmente: com indignação, ele mata o capataz brutal que maltrata um trabalhador judeu; exasperado com a apostasia do povo, quebra as tábuas da lei que buscara da montanha de Deus; o próprio Deus o pune no final por um ato de impaciência, que não é mencionado. Visto que tal característica não serve à glorificação, ela poderia corresponder a uma verdade histórica. Tampouco se pode rejeitar a possibilidade de muitos traços de caráter que os judeus introduziram em sua ideia inicial de deus, ao chamá-lo de ciumento, severo e implacável, no fundo terem sido tomados da lembrança de Moisés, pois na realidade

21. A mesma anedota, com uma ligeira variação, também é narrada por Flávio Josefo.

não foi um deus invisível que os conduziu para fora do Egito, mas o homem Moisés.

Outro traço que lhe é atribuído tem especial direito ao nosso interesse. Moisés teria sido "pesado de boca", ou seja, teria possuído uma inibição ou um distúrbio da fala, de maneira que nas supostas negociações com o faraó teria necessitado do apoio de Aarão, que é chamado de seu irmão. Isso também pode ser uma verdade histórica, e seria uma contribuição desejável para vivificar a fisionomia do grande homem. Mas também pode ter outro e mais importante significado. Numa ligeira desfiguração, o relato talvez recorde o fato de Moisés falar outra língua e não poder tratar com seus neoegípcios semitas sem intérprete, não pelo menos no começo das relações com eles. Portanto, uma nova confirmação da tese: Moisés era um egípcio.

Mas agora, parece, nosso trabalho chegou a um fim provisório. Por enquanto, não podemos derivar mais nada de nossa hipótese de que Moisés era um egípcio, seja ela demonstrada ou não. Nenhum historiador pode considerar o relato bíblico sobre Moisés e o êxodo como outra coisa senão literatura piedosa remodelada por uma tradição remota a serviço de suas próprias tendências. Não conhecemos o teor original da tradição; gostaríamos muito de descobrir quais foram as tendências desfiguradoras, mas somos mantidos na escuridão por desconhecermos os acontecimentos históricos. O fato de nossa reconstrução não ter lugar para muitos pontos altos do relato bíblico, como as dez pragas, a travessia do Mar Vermelho e a entrega solene dos dez mandamentos no Monte Sinai, é um contraste que não pode nos desconcertar. Porém, não podemos ficar indiferentes quando descobrimos que entramos em contradição com os resultados da sóbria investigação histórica de nossos dias.

Esses historiadores modernos, como representante dos quais podemos reconhecer E. Meyer (1906), concordam com o relato bíblico num ponto decisivo. Também eles acreditam que as tribos judaicas, das quais mais tarde surgiu o povo de Israel, adotaram uma nova religião em certo momento. Mas isso não aconteceu no Egito nem ao pé de um monte na península do Sinai, e sim num lugar que se chama Meribá-Cades, um oásis caracterizado por sua abundância de fontes e poços situado na região ao sul da Palestina, entre a saída oriental da península do Sinai e a fronteira ocidental da Arábia. Nesse lugar, tais tribos adotaram o culto a um deus Jeová, provavelmente da tribo árabe dos midianitas, que habitavam nas proximidades. É possível que outras tribos vizinhas também fossem seguidoras desse deus.

Jeová certamente era um deus vulcânico. Só que o Egito, como se sabe, não tem vulcões, e os montes da península do Sinai nunca foram vulcânicos; em compensação, há vulcões, que talvez tenham permanecido ativos até épocas recentes, ao longo da fronteira ocidental da Arábia. Um desses montes, portanto, deve ter sido o Sinai-Horebe, que se imaginava ser a morada de Jeová.[22] Segundo E. Meyer, apesar de todas as remodelações que o relato bíblico sofreu, o caráter original desse deus pode ser reconstruído: ele é um demônio sinistro, sedento de sangue, que vaga pela noite e teme a luz do dia.[23]

O mediador entre o deus e o povo na fundação dessa religião é chamado de Moisés. Ele é genro do sacerdote midianita Jetro, e cuidava dos rebanhos deste quando recebeu o chamado divino. Em Cades ele também recebe a visita de Jetro, que lhe dá instruções.

É verdade que E. Meyer afirma jamais ter duvidado que a história da estada no Egito e da catástrofe dos egípcios contivesse

22. Em algumas passagens do texto bíblico ainda consta que Jeová desceu do Sinai a Meribá-Cades.

23. Meyer (1906, p. 38 e 58).

algum núcleo histórico[24], mas ele evidentemente não sabe como deve acomodar e aproveitar o fato por ele reconhecido. Ele está disposto a derivar do Egito apenas o costume da circuncisão. Ele enriquece nossa argumentação anterior com duas indicações importantes. Em primeiro lugar, pela indicação de que Josué exorta o povo à circuncisão para que este "se livre do escárnio dos egípcios"; em segundo lugar, pela citação de Heródoto segundo a qual os próprios fenícios (provavelmente os judeus) e sírios da Palestina admitem ter aprendido a circuncisão com os egípcios.[25] Mas ele não deixa muito lugar para um Moisés egípcio. "O Moisés que conhecemos é o antepassado dos sacerdotes de Cades, ou seja, uma figura da lenda genealógica, relacionada com o culto, e não uma personalidade histórica. Além disso, nenhum daqueles (sem considerar os que aceitam a totalidade da tradição como verdade histórica) que o tratam como uma figura histórica soube preenchê-lo com algum conteúdo, apresentá-lo como uma individualidade concreta ou indicar algo que ele tivesse criado e que teria sido sua obra histórica."[26]

Em compensação, ele não se cansa de destacar a relação de Moisés com Cades e Midiã. "A figura de Moisés, estreitamente unida com Midiã e os lugares de culto no deserto."[27] "Essa figura de Moisés está inseparavelmente ligada a Cades (Massá e Meribá), e o fato de ser genro do sacerdote midianita constitui o complemento disso. A ligação com o êxodo, em compensação, e toda sua história de juventude são inteiramente secundárias e meras consequências da inserção de Moisés numa lenda de sequência coerente."[28] Ele também indica que os temas contidos na história da juventude

24. Meyer (*op. cit.*, p. 49).
25. *Ibid.*, p. 449.
26. *Ibid.*, p. 451.
27. *Ibid.*, p. 49.
28. *Ibid.*, p. 72.

de Moisés são todos abandonados mais tarde. "Moisés em Midiã não é mais um egípcio e neto do faraó, e sim um pastor ao qual Jeová se revela. No relato sobre as pragas não se fala mais de suas antigas relações, por mais facilmente que pudessem ter sido aproveitadas para produzir um efeito impactante, e a ordem de matar os meninos israelitas é completamente esquecida. Moisés não representa absolutamente nenhum papel no êxodo nem na derrocada dos egípcios, não sendo sequer mencionado. O caráter heroico, que a lenda da infância pressupõe, falta por inteiro ao Moisés posterior; ele é apenas o homem de Deus, um milagreiro que Jeová dotou de poderes sobrenaturais (...)."[29]

Não podemos contestar a impressão de que esse Moisés de Cades e de Midiã, a quem a própria tradição pôde atribuir o alçamento de uma serpente de bronze à condição de deus curador, é um Moisés totalmente diferente do egípcio senhorial que inferimos e que revelou ao povo uma religião em que toda magia e feitiçaria eram rigorosamente proibidas. A diferença entre nosso Moisés egípcio e o Moisés midianita talvez não seja menor do que a diferença entre o deus universal Aton e o demônio Jeová que habitava no monte dos deuses. E, se concedemos algum grau de credibilidade às pesquisas dos historiadores modernos, temos de confessar a nós mesmos que se rompeu pela segunda vez o fio que pretendíamos fiar a partir da hipótese de que Moisés era um egípcio. Desta vez, como parece, sem esperança de reatá-lo.

5

Inesperadamente, também neste caso há uma saída. Os esforços para reconhecer em Moisés uma figura que vai além do sacerdote de Cades e para confirmar a grandiosidade que

29. Meyer (*op. cit.*, p. 47).

a tradição louva nele não encontraram descanso depois de E. Meyer (ver Gressmann, entre outros). Em 1922, E. Sellin fez uma descoberta que influencia nosso problema de maneira decisiva.[30] Ele encontrou no profeta Oseias (segunda metade do século VIII a.C.) os indícios inequívocos de uma tradição cujo conteúdo é o fato de Moisés, o fundador da religião, ter encontrado um fim violento numa rebelião de seu desobediente e teimoso povo. Ao mesmo tempo, a religião que ele instituiu foi rejeitada. Mas essa tradição não se limita a Oseias, retornando na maioria dos profetas posteriores e, segundo Sellin, inclusive se tornando o fundamento de todas as expectativas messiânicas subsequentes. No fim do exílio babilônico se desenvolveu no povo judeu a esperança de que o homem que fora assassinado de maneira tão vergonhosa retornaria dos mortos e conduziria seu povo arrependido, e talvez não só ele, ao reino de uma bem-aventurança duradoura. As relações evidentes com o destino de um posterior fundador de religiões não se encontram em nosso caminho investigativo.

Naturalmente, mais uma vez não estou em condições de decidir se Sellin interpretou corretamente as passagens proféticas. Porém, se ele estiver certo, é lícito atribuir credibilidade histórica à tradição por ele reconhecida, pois tais coisas não se inventam facilmente. Falta um motivo palpável para tanto; porém, se elas realmente aconteceram, é fácil compreender que se queira esquecê-las. Não precisamos aceitar todos os detalhes da tradição. Sellin afirma que Sitim, na Transjordânia, é indicada como palco do ato de violência contra Moisés. Logo veremos que tal localidade é inaceitável para nossas ponderações.

Tomamos de Sellin a hipótese de que o Moisés egípcio foi assassinado pelos judeus e que a religião por ele instituída foi abandonada. Essa hipótese nos permite continuar fiando nossos

30. E. Sellin, *Moisés e sua importância para a história da religião judaico--israelita.*

fios sem contradizer resultados confiáveis da investigação histórica. Porém, quanto ao resto, ousamos manter nossa independência em relação aos autores e "seguir nossa própria pista" de maneira autônoma. O êxodo do Egito continua sendo nosso ponto de partida. O número de pessoas que deixou o país com Moisés deve ter sido considerável; um grupo pequeno não teria valido a pena para esse homem ambicioso que almejava a grandeza. É provável que os imigrantes tenham ficado no país por tempo suficiente para atingirem um número respeitável. Porém, certamente não nos enganaremos se, com a maioria dos autores, supusermos que apenas uma parcela do posterior povo judeu passou pelos acontecimentos do Egito. Em outras palavras, a tribo que retornou do Egito se uniu mais tarde, na região entre o Egito e Canaã, com outras tribos aparentadas que ali estavam estabelecidas há mais tempo. A expressão dessa união, da qual surgiu o povo de Israel, foi a adoção de uma religião nova, comum a todas as tribos, a de Jeová, um acontecimento que, segundo E. Meyer, se passou em Cades sob influência midianita. Depois disso, o povo se sentiu forte o suficiente para empreender a invasão da terra de Canaã. Esse desenrolar não é compatível com o fato de a catástrofe de Moisés e de sua religião ter ocorrido na Transjordânia – ela deve ter ocorrido muito antes da unificação.

É certo que elementos muito diferentes concorreram para a constituição do povo judaico, mas a maior diferença entre essas tribos deve ter sido produzida por terem tomado parte ou não da estada no Egito e do que a ela se seguiu. Com respeito a esse ponto, pode-se dizer que a nação resultou da união de dois componentes, e corresponde a esse fato que após um curto período de unidade política ela tenha se partido em dois pedaços, o reino de Israel e o reino de Judá. A história gosta de tais restaurações em que fusões recentes são anuladas e separações antigas reaparecem. Como se sabe, o exemplo mais impressionante desse tipo foi criado pela Reforma, que, após um intervalo de mais de um milênio, trouxe novamente à luz a linha fronteiriça entre a Germânia que no passado fora romana e aquela que permaneceu independente. No caso do povo judeu, não poderíamos demonstrar uma reprodução tão fiel do antigo estado de coisas; nosso conhecimento desses tempos é incerto demais para permitir a afirmação de que no reino do Norte se reencontraram aqueles que estavam ali estabelecidos desde sempre, e, no reino do Sul, aqueles que retornaram do Egito, mas a desagregação posterior, também neste caso, não pode deixar de ter tido relação com a soldadura anterior. É provável que os anteriormente egípcios estivessem em menor número do que os outros, mas demonstraram ser os mais fortes culturalmente; eles exerceram uma influência mais poderosa sobre o desenvolvimento posterior do povo porque trouxeram consigo uma tradição que faltava aos demais.

E quem sabe também tenham trazido outra coisa, mais palpável do que uma tradição. Entre os maiores enigmas da pré-história judaica se encontra a origem dos levitas. Eles remontam a uma das doze tribos de Israel, a de Levi, mas nenhuma tradição ousou indicar onde essa tribo estava originalmente domiciliada ou que parte da terra conquistada de Canaã lhe foi destinada. Eles ocupam os cargos sacerdotais mais importantes, mas são diferenciados dos sacerdotes, e um levita não é necessariamente um sacerdote; não é o nome de uma casta. Nossa hipótese sobre a pessoa de Moisés nos sugere uma explicação. Não é plausível que um grande senhor como o egípcio Moisés se dirigisse desacompanhado ao povo que lhe era estranho. Ele certamente levou seu séquito consigo, seus adeptos mais próximos, seus escribas, seus criados. Esses eram originalmente os levitas. Ao afirmar que Moisés era um levita, a tradição parece distorcer os fatos de maneira transparente: os levitas eram a gente de

Moisés. Essa solução é apoiada pelo fato, já mencionado em meu ensaio anterior, de que mais tarde surgem nomes egípcios apenas entre os levitas.[31] É de supor que um bom número dessa gente de Moisés escapou à catástrofe que atingiu a ele próprio e à sua instituição religiosa. Eles se multiplicaram nas gerações seguintes e se fundiram com o povo em meio ao qual viviam, mas permaneceram fiéis a seu senhor, conservaram sua memória e cultivaram a tradição de suas doutrinas. No momento da unificação com os fiéis de Jeová, eles formavam uma minoria influente, culturalmente superior aos demais.

Apresento a hipótese provisória de que entre o declínio de Moisés e a instituição da religião em Cades transcorreram duas gerações, talvez até mesmo um século. Não vejo como decidir se os neoegípcios – como gostaria de chamá-los aqui por uma questão de diferenciação –, ou seja, aqueles que voltavam do Egito, se encontraram com seus parentes de tribo depois que estes já tinham adotado a religião de Jeová ou antes disso. Pode-se considerar a última alternativa como a mais provável. Isso não faz qualquer diferença no resultado final. O que aconteceu em Cades foi um compromisso em que a participação das tribos mosaicas é inequívoca.

Mais uma vez podemos apelar ao testemunho da circuncisão, que, repetidas vezes, por assim dizer como um fóssil-guia, nos prestou os mais importantes serviços. Esse costume também se tornou mandamento na religião de Jeová e, como está indissoluvelmente ligado ao Egito, sua adoção só pode ter sido uma concessão à gente de Moisés – ou aos levitas entre eles –, que não queria renunciar a esse sinal de sua santificação. Queriam

31. Essa hipótese se harmoniza bem com as indicações de Yahuda acerca da influência egípcia sobre os primórdios da literatura judaica. Ver A.S. Yahuda (1929). [A menção a que Freud se refere não ocorre; conforme sugerem os editores da *Freud-Studienausgabe*, provavelmente foi eliminada durante uma revisão. (N.T.)]

salvar pelo menos isso de sua antiga religião, e em troca estavam dispostos a aceitar a nova divindade e aquilo que os sacerdotes de Midiã dela contavam. É possível que ainda tenham imposto outras concessões. Já mencionamos que o ritual judaico prescrevia certas restrições no uso do nome do deus. Em vez de "Jeová", se tinha de dizer "Adonai".[32] É natural incluir essa prescrição em nosso contexto, mas é uma conjectura sem maior apoio. Como se sabe, a proibição quanto ao nome do deus é um tabu antiquíssimo. Não se compreende por que ele foi retomado precisamente na legislação judaica; não está excluído que isso tenha acontecido sob a influência de um novo motivo. Não é preciso supor que a proibição tenha sido cumprida de maneira consequente; o nome do deus Jeová permaneceu liberado para a formação de nomes próprios teóforos, ou seja, compostos (João, Jeú, Josué). Mas esse nome é um caso à parte. Sabe-se que a investigação crítica da Bíblia aceita dois textos-fonte para o Hexateuco. Elas são chamadas de J e de E, pois uma chama Deus de "Jeová" e a outra de "Eloim". "Eloim", não "Adonai", e podemos nos recordar da observação de um de nossos autores: "Os nomes diferentes são o sinal claro de deuses originalmente diferentes".[33]

Admitimos a conservação da circuncisão como prova de que ocorreu um compromisso na fundação da religião em Cades. Deduzimos o conteúdo desse compromisso dos relatos concordantes de J e E, que neste ponto, portanto, remontam a uma fonte comum (manuscrito ou tradição oral). A tendência diretriz era demonstrar a grandeza e o poder do novo deus Jeová. Visto que a gente de Moisés dava um valor tão grande à sua experiência do êxodo do Egito, esse ato de libertação tinha de ser atribuído a

32. Jeová é a vocalização e a transliteração para o português do tetragrama IHVH (יהוה), o nome de Deus que, segundo a lei judaica, não pode ser pronunciado. (N.R.T.)

33. Gressmann (1913, p. 54).

Jeová, e tal acontecimento foi dotado de ornamentos que mostravam a terrível grandiosidade do deus vulcânico, como a coluna de fumaça que durante a noite se transformava numa coluna de fogo e a ventania que secou o mar por algum tempo de maneira que os perseguidores foram afogados pelas massas de água que voltavam. Ao mesmo tempo, o êxodo e a fundação da religião foram aproximados, e o longo intervalo entre ambos foi desmentido; a entrega dos dez mandamentos também não ocorreu em Cades, e sim ao pé do monte de Deus sob os sinais de uma erupção vulcânica. Mas essa exposição cometia uma grave injustiça contra a memória do homem Moisés; fora ele, afinal, e não o deus vulcânico, quem tinha libertado o povo do Egito. Assim, devia-se a ele uma reparação, e ela foi feita transferindo-se Moisés para Cades ou para o Sinai-Horebe e colocando-o no lugar dos sacerdotes midianitas. Discutiremos mais adiante o fato de essa solução satisfazer uma segunda tendência, de urgência impreterível. Desse modo se produziu um equilíbrio, por assim dizer; se permitiu que Jeová, que habitava uma montanha em Midiã, se estendesse até o Egito, e que a existência e a atividade de Moisés, em compensação, se estendessem até Cades e a Transjordânia. Assim, ele foi fundido com a pessoa do posterior fundador religioso, o genro do midianita Jetro, a quem emprestou seu nome, Moisés. Porém, desse outro Moisés não sabemos dizer nada pessoal, tão completamente ele é obscurecido pelo Moisés egípcio. A não ser que recorramos às contradições na caracterização de Moisés que se encontram no relato bíblico. Ele é descrito muitas vezes como despótico, colérico e até violento, e, no entanto, também se diz que era o mais manso e o mais paciente de todos os homens. É claro que estas últimas qualidades teriam pouca serventia para o egípcio Moisés, que tinha a intenção de fazer coisas tão grandes e difíceis com seu povo; talvez pertencessem ao outro, o midianita. Creio que se está autorizado a separar as duas pessoas e supor que o Moisés egípcio nunca esteve em Cades e nunca ouviu o nome Jeová, e que o Moisés midianita nunca colocou o pé no Egito e nada sabia de Aton. Com a finalidade de soldar as duas pessoas, coube à tradição ou à lenda a tarefa de levar o Moisés egípcio à Midiã, e vimos que circulava mais de uma explicação para isso.

6

Estamos preparados para ouvir novamente a censura de que apresentamos nossa reconstrução da pré-história do povo de Israel com uma segurança infundada, grande demais. Essa crítica não nos atingirá seriamente, visto que encontra eco em nosso próprio juízo. Nós mesmos sabemos que nossa construção tem seus pontos fracos, mas ela também tem seus aspectos fortes. No todo, prevalece a impressão de que vale a pena continuar a obra na direção tomada. O relato bíblico que temos à nossa disposição contém dados históricos valiosos, até inestimáveis, mas que foram distorcidos pela influência de tendências poderosas e ornamentados com as produções da invenção poética. Durante os esforços que fizemos até aqui, conseguimos descobrir uma dessas tendências distorcedoras. Essa descoberta nos mostra o caminho a seguir. Devemos descobrir outras tendências desse tipo. Se tivermos pontos de apoio para reconhecer as distorções por elas geradas, traremos à luz, por detrás delas, novos fragmentos do verdadeiro estado de coisas.

Em primeiro lugar, vamos ouvir o que a investigação crítica da Bíblia sabe nos dizer sobre a gênese do Hexateuco (os cinco livros de Moisés e o livro de Josué, os únicos que aqui nos interessam).[34] Considera-se que o texto-fonte mais antigo é J, o jeovista, que modernamente se pretende reconhecer como

34. *Encyclopaedia Britannica*, 11. ed., 1910. Artigo "Bible".

sendo o sacerdote Abiatar, um contemporâneo do rei Davi.[35] Um pouco mais tarde, não se sabe exatamente quando, se junta a ele o assim chamado eloísta, que pertence ao reino do Norte.[36] Depois do ocaso desse reino, em 722 a.C., um sacerdote judeu reuniu partes de J e de E, acrescentando contribuições próprias. Sua compilação é designada como JE. No século VII a.C., soma-se o *Deuteronômio*, o quinto livro, uma obra nova supostamente encontrada completa no Templo. A revisão chamada de "Código Sacerdotal" é situada na época após a destruição do Templo (586 a.C.), durante o exílio e após o retorno; no século V a.C., a obra experimenta sua redação definitiva, e não foi modificada essencialmente desde então.[37]

A história do rei Davi e de seu tempo é muito provavelmente a obra de um contemporâneo. É verdadeira historiografia, quinhentos anos antes de Heródoto, o "pai da história". Aproximamo-nos da compreensão desse feito se, no sentido de nossa hipótese, pensamos em influência egípcia.[38] Surgiu inclusive a conjectura de que os israelitas daqueles tempos primitivos, ou seja, os escribas de Moisés, não deixaram de tomar parte na

35. Ver Auerbach (1932).

36. Jeovista e eloísta foram diferenciados pela primeira vez em 1753 por Astruc.

37. É historicamente assegurado que a fixação definitiva do tipo judaico foi o resultado da reforma de Esdras e de Neemias no século V a.C., ou seja, depois do exílio e sob o domínio persa, favorável aos judeus. Pelo nosso cálculo, haviam transcorrido nesse momento cerca de novecentos anos desde a entrada em cena de Moisés. Nessa reforma se levaram a sério as disposições que tinham em vista a santificação de todo o povo, se impôs a segregação quanto aos povos vizinhos pela proibição dos casamentos mistos, o Pentateuco – o genuíno livro da lei – recebeu sua forma definitiva e se encerrou aquela revisão que é conhecida como Código Sacerdotal. Porém, parece assegurado que a reforma não introduziu tendências novas, mas acolheu e consolidou incitações anteriores.

38. Ver Yahuda (1929).

invenção do primeiro alfabeto.[39] Naturalmente, não sabemos em que medida os relatos sobre épocas primitivas remontam a registros antigos ou a tradições orais, e que intervalos de tempo há em cada caso entre o acontecimento e sua fixação. Porém, tal como hoje se encontra à nossa disposição, o texto também nos conta bastante sobre seus próprios destinos. Dois tratamentos opostos deixaram nele suas marcas. Por um lado, se apoderaram dele revisões que, no sentido de suas intenções secretas, o falsificaram, mutilaram e ampliaram, chegando a transformá-lo em seu oposto; por outro lado, agiu sobre ele uma devoção cuidadosa que quis conservar todas as coisas assim como as encontrou, sem se importar se elas se harmonizavam entre si ou se anulavam. Dessa forma, em quase todas as partes surgiram lacunas chamativas, repetições incômodas e contradições palpáveis, sinais que nos revelam coisas cuja comunicação não se pretendia fazer. Na distorção de um texto, a situação lembra um assassinato. A dificuldade não está na execução do ato, e sim na eliminação de seus rastros. Poderíamos dar à palavra "distorção" [*Entstellung*] o duplo sentido ao qual tem direito, embora ela não faça uso dele hoje. Ela não deveria significar apenas "modificar a aparência", mas também "colocar em outro lugar, deslocar para outra parte". Assim, em muitos casos de distorção de textos podemos contar com o fato de encontrar escondido em algum lugar aquilo que foi reprimido e desmentido, embora modificado e arrancado do contexto. Só que nem sempre será fácil reconhecê-lo.

As tendências distorcedoras que queremos apreender já devem ter agido sobre as tradições antes que se fizesse qualquer registro escrito. Já descobrimos uma delas, talvez a mais forte

39. Se estavam sob a proibição de fazer imagens, tinham inclusive um motivo para abandonar a pictografia hieroglífica enquanto adaptavam seus sinais gráficos para a expressão de uma nova língua. – Ver Auerbach (1932, p. 142).

de todas. Afirmamos que com a instituição do novo deus Jeová em Cades resultou a necessidade de fazer algo por sua glorificação. É mais correto dizer: era preciso instalá-lo, abrir espaço para ele, apagar os traços de religiões anteriores. Isso parece ter sido completamente alcançado no caso da religião das tribos estabelecidas; nada mais ouvimos sobre ela. As coisas não foram tão fáceis com aqueles que retornaram do Egito; eles não se deixaram privar do êxodo, do homem Moisés e da circuncisão. Eles estiveram no Egito, portanto, mas o deixaram, e a partir de então qualquer marca da influência egípcia devia ser desmentida. Eliminou-se o homem Moisés ao deslocá-lo a Midiã e a Cades, fundindo-o com o sacerdote de Jeová fundador da religião. A circuncisão, o mais grave indício da dependência do Egito, tinha de ser conservada, mas não se deixou de fazer tentativas para desligar esse costume do Egito, apesar de todas as evidências. A enigmática passagem do *Êxodo*, incompreensivelmente estilizada, em que Jeová certo dia se enfurece com Moisés porque este negligenciou a circuncisão, e em que sua mulher midianita salva sua vida realizando a operação rapidamente, só pode ser compreendida como oposição intencional ao revelador estado de coisas! Logo tomaremos conhecimento de outra invenção para neutralizar a incômoda prova.

Os esforços que se apresentam para contestar francamente o fato de Jeová ter sido um deus novo, estrangeiro para os judeus, mal podem ser designados como o surgimento de uma nova tendência; são, isso sim, apenas a continuação da tendência anterior. É com esse propósito que se recorre às lendas dos patriarcas do povo, Abraão, Isaque e Jacó. Jeová assegura que já foi o deus desses ancestrais; contudo, ele próprio tem de admitir que não o adoraram sob esse nome.[40]

40. As restrições no uso desse novo nome não se tornam por isso mais compreensíveis, porém mais suspeitas.

Ele não acrescenta sob que outro nome o fizeram. E aqui se encontra a ocasião para um golpe decisivo contra a origem egípcia do costume da circuncisão. Jeová já a exigiu de Abraão, introduzindo-a como sinal da aliança entre si e a descendência de Abraão. Mas essa foi uma invenção especialmente desastrada. Como sinal que deve separar uma pessoa das outras e privilegiá-la em relação a elas, escolhe-se algo que não pode ser encontrado entre as outras, e não algo que milhões delas podem mostrar da mesma maneira. Afinal, um israelita que fosse levado ao Egito teria de reconhecer todos os egípcios como irmãos de aliança, como irmãos em Jeová. É impossível que os israelitas que criaram o texto da Bíblia desconhecessem o fato de a circuncisão ser nativa do Egito. A passagem de *Josué* citada por E. Meyer inclusive o admite sem hesitar, mas esse fato deveria justamente ser desmentido a todo custo.

Não se poderá exigir que formações míticas religiosas tenham grandes considerações pela coesão lógica. Caso contrário, a sensibilidade popular poderia legitimamente se ofender com o comportamento de uma divindade que sela com os antepassados um acordo com obrigações mútuas e depois não se preocupa por séculos com os sócios humanos, até que lhe ocorre de súbito a ideia de se revelar novamente aos descendentes. Ainda mais estranha é a ideia de que um deus repentinamente "escolha" um povo, declare que esse povo é seu e se declare como seu deus. Acredito que é o único caso do gênero na história das religiões humanas. Normalmente, o deus e o povo estão relacionados de maneira inseparável, são uma coisa só desde o começo dos começos; vemos que por vezes um povo adota outro deus, mas jamais que um deus escolha outro povo. Talvez comecemos a compreender esse acontecimento único se nos recordarmos das relações entre Moisés e o povo judeu. Moisés descera ao encontro dos judeus, fazendo deles seu povo; eram o seu "povo escolhido".[41]

A inclusão dos patriarcas também serviu a outro propósito. Eles tinham vivido em Canaã, sua memória estava ligada a determinados lugares do país. É possível que originalmente tenham sido inclusive heróis cananeus ou deuses locais que então foram requisitados pelos imigrantes israelitas para sua pré-história. Recorrendo a eles, afirmavam, por assim dizer, sua autoctonia e se acautelavam contra o ódio que aderia ao conquistador estrangeiro.

---

41. Jeová era indubitavelmente um deus vulcânico. Os habitantes do Egito não tinham nenhum motivo para adorá-lo. Com certeza não sou o primeiro a ser surpreendido com a homofonia entre o nome *Jeová* e a raiz do nome de outro deus, *Jú-piter* (Jovis). O nome *Jochanan* (mais ou menos como Gotthold e o equivalente púnico Aníbal), composto com a abreviação do hebraico Jeová, se tornou, sob as formas Johann, John, Jean e Juan, o prenome favorito da cristandade europeia. Quando os italianos o reproduzem como *Giovanni* e chamam um dia da semana de *giovedì*, voltam a trazer à luz uma semelhança que possivelmente não significa nada, ou talvez signifique muito. Abrem-se aqui perspectivas amplas, mas também muito incertas. Parece que os países em volta da bacia oriental do Mediterrâneo, naqueles séculos obscuros que mal oferecem um acesso à investigação histórica, foram o palco de frequentes e violentas erupções vulcânicas que tinham de produzir a mais forte impressão sobre os habitantes vizinhos. Evans supõe que a destruição definitiva do palácio de Minos, em Knossos, também foi a consequência de um terremoto. Em Creta, naquela época, como provavelmente em todo o mundo egeu, se adorava a grande divindade materna. A percepção de que ela não era capaz de proteger sua casa contra os ataques de um poder mais forte pode ter contribuído para que ela tivesse de dar espaço a uma divindade masculina, e então o deus vulcânico era o primeiro a ter direito de substituí-la. Zeus, afinal, continua sendo "aquele que abala a terra". Há poucas dúvidas de que a substituição das divindades maternas pelos deuses masculinos (que originalmente talvez fossem filhos?) ocorreu naquelas épocas obscuras. Causa impressão, em especial, o destino de Palas Atena, que certamente era a forma local da divindade materna, foi rebaixada à condição de filha pela reviravolta religiosa, privada de sua própria mãe e excluída permanentemente da maternidade pela virgindade que lhe foi imposta.

Foi uma virada habilidosa: o deus Jeová apenas lhes devolvia o que seus antepassados um dia tinham possuído.

Nas contribuições posteriores ao texto bíblico se conseguiu impor o propósito de evitar a menção de Cades. O lugar da fundação da religião passou a ser definitivamente o Sinai-Horebe, o monte de Deus. O motivo para tanto não é claramente visível; talvez as pessoas não quisessem ser lembradas da influência de Midiã. Porém, todas as distorções posteriores, em especial da época do chamado Código Sacerdotal, servem a outro propósito. Não se precisava mais alterar relatos sobre acontecimentos no sentido desejado, pois já se fizera isso há muito tempo. Fizeram-se esforços, porém, para deslocar mandamentos e instituições do presente a épocas anteriores, em geral fundando-os na legislação mosaica para derivar daí seu direito à sacralidade e à obrigatoriedade. Por mais que dessa maneira se pudesse falsificar a imagem do passado, esse procedimento não carece de determinada legitimidade psicológica. Ele refletia o fato de que no decorrer de longas eras – do êxodo do Egito até a fixação do texto bíblico sob Esdras e Neemias transcorreram aproximadamente oitocentos anos – a religião de Jeová tinha retrocedido até a correspondência, talvez até a identidade, com a religião original de Moisés.

E esse é o resultado essencial, o conteúdo fatídico da história religiosa judaica.

7

Entre todos os acontecimentos da pré-história que os poetas, sacerdotes e historiógrafos posteriores se propuseram revisar, destacou-se um cuja repressão era exigida pelos mais evidentes e melhores motivos humanos. Foi o assassinato do grande líder e libertador Moisés, que Sellin descobriu a partir de alusões nos profetas. Não se pode chamar de fantástica a hipótese de Sellin; ela é bastante verossímil. Moisés, oriundo da escola de Ikhnaton, não se servia de métodos diferentes dos do rei; ele dava ordens, ele impôs sua fé ao povo.[42] Talvez a doutrina de Moisés fosse ainda mais áspera que a de seu mestre; ele não precisava manter o apoio no deus do Sol; a escola de On não tinha qualquer significado para seu povo estrangeiro. Tanto Moisés quanto Ikhnaton encontraram o mesmo destino que aguarda todos os déspotas esclarecidos. O povo judeu de Moisés era tão incapaz de tolerar uma religião tão altamente espiritualizada, de encontrar uma satisfação de suas necessidades no que ela oferecia, quanto os egípcios da XVIII dinastia. Nos dois casos aconteceu a mesma coisa: os tutelados e lesados se rebelaram e lançaram por terra o fardo da religião que lhes fora imposta. Porém, enquanto os mansos egípcios esperaram até que o destino tivesse eliminado a sagrada pessoa do faraó, os selvagens semitas tomaram o destino em suas mãos e assassinaram o tirano.[43]

Tampouco se poderá afirmar que o texto bíblico conservado não nos prepare para que Moisés tenha um fim desse tipo. O relato sobre a "peregrinação pelo deserto" – que pode corresponder ao tempo do domínio de Moisés – descreve uma cadeia de rebeliões sérias contra sua autoridade, que – por ordem de Jeová – também são reprimidas com castigos sangrentos. É fácil imaginar que, certa vez, uma dessas revoltas tenha terminado de maneira diferente do que a alegada pelo texto. A apostasia da nova religião pelo povo também é narrada no texto – como episódio, contudo. É a história do bezerro de ouro, em que, com

42. Outro tipo de influência também mal era possível naqueles tempos.

43. É realmente notável o quão pouco ouvimos sobre a eliminação violenta ou o assassinato de um faraó durante a milenar história egípcia. Uma comparação com a história assíria, por exemplo, tem de aumentar a surpresa. Naturalmente, isso pode provir do fato de que entre os egípcios a historiografia servia exclusivamente a propósitos oficiais.

uma virada habilidosa, o despedaçamento das tábuas da lei, que cabe compreender de maneira simbólica ("ele violou a lei"), é imputado ao próprio Moisés e motivado por sua colérica indignação.

Chegou um tempo em que se lamentou o assassinato de Moisés e se procurou esquecê-lo. Isso certamente aconteceu na época do encontro em Cades. Ao aproximar entre si o êxodo e a fundação da religião no oásis, fazendo com que Moisés tomasse parte nela no lugar de outro, não se satisfaziam apenas as reivindicações da gente de Moisés, mas também se desmentia com sucesso o fato penoso de sua eliminação violenta. Na realidade, é bastante improvável que Moisés tivesse podido tomar parte dos acontecimentos em Cades mesmo que sua vida não tivesse sido abreviada.

Temos de fazer agora a tentativa de esclarecer as circunstâncias cronológicas desses acontecimentos. Situamos o êxodo do Egito no período posterior à extinção da XVIII dinastia (1350 a.C.). Ele pode ter ocorrido nessa época ou um pouco mais tarde, pois os cronistas egípcios incluíram os anos subsequentes de anarquia no período de reinado de Haremhab, que lhe deu um fim e reinou até 1315 a.C. O próximo apoio para a cronologia, mas também o único, é dado pela estela de Merneptah (1225-1215 a.C.), que se vangloria da vitória sobre Isiraal (Israel) e da devastação de suas sementeiras (?). Infelizmente, há dúvidas sobre como aproveitar essa inscrição; considera-se que é uma prova de que já naquela época havia tribos israelitas estabelecidas em Canaã.[44] E. Meyer infere com razão dessa estela que Merneptah não pode ter sido o faraó do êxodo, como anteriormente se admitia de bom grado. O êxodo deve remontar a uma época anterior. Perguntar quem foi o faraó do êxodo nos parece coisa completamente ociosa. Não houve faraó do êxodo, visto que este caiu num interregno. Mas a descoberta da estela de Merneptah

44. E. Meyer (1906, p. 222 e segs.).

tampouco lança qualquer luz sobre a possível data da unificação e da adoção da religião em Cades. Em algum momento entre 1350 e 1215 a.C., isso é tudo o que podemos dizer com certeza. Dentro desse século, supomos, o êxodo se aproxima muito da data inicial, e o acontecimento em Cades não dista muito da data final. Gostaríamos de reivindicar a maior parte desse período de tempo para o intervalo entre os dois acontecimentos. É que precisamos de um período mais longo até que, depois do assassinato de Moisés, as paixões dos que retornaram do Egito tivessem se acalmado e a influência da gente de Moisés, os levitas, se tornado tão grande quanto o pressupõe o compromisso de Cades. Duas gerações, sessenta anos, talvez bastassem para tanto, mas isso só funciona por muito pouco. O que se deduz da estela de Merneptah chega cedo demais para nós, e como reconhecemos que nesta nossa construção uma hipótese só se baseia em outra, admitimos que essa discussão revela um ponto fraco dela. É uma infelicidade que tudo o que se relacione com o estabelecimento do povo judeu em Canaã seja tão obscuro e confuso. Resta-nos a saída, talvez, de que o nome de Israel na estela não se refira às tribos cujos destinos nos esforçamos por acompanhar e que se associaram para formar o posterior povo de Israel. Afinal, o nome dos *habirus* = *hebreus*, do período de Amarna, também passou a esse povo.

Qualquer que tenha sido o momento em que as tribos se unificaram numa nação por meio da adoção de uma religião comum, isso poderia facilmente ter se transformado num ato completamente indiferente para a história mundial. A nova religião teria sido arrastada pela torrente dos acontecimentos, Jeová teria podido tomar um lugar na procissão dos deuses passados vista pelo escritor Flaubert, e todas as doze tribos do seu povo teriam "se perdido", não apenas as dez que foram procuradas pelos anglo-saxões por tanto tempo. O deus Jeová, a quem o Moisés midianita conduziu um novo povo naquela ocasião, provavelmente não era um ser destacado sob qualquer aspecto. Um deus local grosseiro e mesquinho, violento e sedento de sangue; ele prometera a seus adeptos que lhes daria a terra que "mana leite e mel" e os exortou a exterminar seus habitantes de então "ao fio da espada". É de se admirar que, apesar de todas as revisões, tenha ficado tanta coisa nos relatos bíblicos que permita reconhecer sua natureza original. Nem sequer é certo que sua religião fosse um monoteísmo verdadeiro, que ela contestasse a natureza divina das divindades de outros povos. Bastava, provavelmente, que o próprio deus fosse mais poderoso do que todos os deuses estrangeiros. Se, na sequência, tudo transcorreu diferentemente do que esses começos faziam esperar, podemos encontrar a causa disso apenas num único fato. A uma parte do povo, o Moisés egípcio deu outra ideia de deus, mais altamente espiritualizada, a ideia de uma divindade única, que abrangia o universo inteiro, que não era menos oniamorosa do que onipotente, e que, avessa a todo cerimonial e a toda magia, estabeleceu uma vida na verdade e na justiça como a mais alta meta para os seres humanos. Pois, por mais incompletas que possam ser nossas informações sobre o aspecto ético da religião de Aton, não pode ser insignificante que em suas inscrições Ikhnaton em geral se qualificasse como "vivendo em Maat" (verdade, justiça).[45] A longo prazo, não fez diferença que o povo, provavelmente depois de pouco tempo, rejeitasse a doutrina de Moisés e o assassinasse. Permaneceu a *tradição* dela, e sua influência alcançou, embora apenas pouco a pouco no decorrer dos séculos, o que fora negado ao próprio Moisés. O deus Jeová recebeu honras imerecidas quando, a partir de Cades, o ato libertador de Moisés foi colocado em sua conta,

45. Seus hinos acentuam não apenas a universalidade e a unicidade do deus, mas também seu cuidado amoroso por todas as criaturas, e exortam à alegria pela natureza e ao gozo de sua beleza. Ver Breasted (1934).

mas ele teve uma séria penitência a cumprir por essa usurpação. A sombra do deus cujo lugar ele tomara se tornou mais forte do que ele; no fim do desenvolvimento, tinha surgido por trás de seu ser o do deus mosaico esquecido. Ninguém duvida de que foi apenas a ideia desse outro deus o que permitiu ao povo de Israel resistir a todos os golpes do destino e o que o manteve vivo até nossos tempos.

Na vitória final do deus mosaico sobre Jeová, não se pode mais determinar a parte que cabe aos levitas. No passado, quando o compromisso em Cades foi selado, eles haviam tomado o partido de Moisés, na lembrança ainda viva do senhor cujo séquito e cujos compatriotas eles eram. Nos séculos posteriores, eles tinham se fundido com o povo ou com o clero, e o principal feito dos sacerdotes foi desenvolver e fiscalizar o ritual, além de preservar as sagradas escrituras e revisá-las de acordo com seus propósitos. Porém, todo sacrifício e todo cerimonial não eram, no fundo, apenas magia e feitiçaria, tais como a antiga doutrina de Moisés repudiara incondicionalmente? Então, do meio do povo, numa série que não acabaria mais, se levantaram homens que não estavam ligados a Moisés por sua origem, mas que foram arrebatados pela grande e poderosa tradição que pouco a pouco crescera na obscuridade, e foram esses homens, os profetas, que pregaram incansavelmente a antiga doutrina mosaica de que a divindade desdenha sacrifício e cerimonial, exigindo apenas fé e uma vida na verdade e na justiça ("Maat"). Os esforços dos profetas tiveram êxito duradouro; as doutrinas com que restauraram a antiga fé se tornaram conteúdo permanente da religião judaica. É honra bastante para o povo judeu que ele tenha conseguido conservar semelhante tradição e produzir homens que lhe emprestassem uma voz, mesmo que a incitação para tanto tenha vindo de fora, de um grande homem estrangeiro.

Eu não me sentiria seguro com essa exposição se não pudesse recorrer ao julgamento de outros pesquisadores, especialistas que veem a importância de Moisés para a história religiosa judaica sob a mesma luz, ainda que não admitam sua origem egípcia. Assim, por exemplo, Sellin afirma (1922, p. 52): "Portanto, temos de imaginar que a verdadeira religião de Moisés, a fé no deus único e moral que ele prega, era de início o patrimônio de um pequeno círculo em meio ao povo. Não podemos esperar encontrá-la de antemão no culto oficial, na religião dos sacerdotes e na fé do povo. De início, apenas podemos contar com o fato de que ora aqui, ora ali, ressurja uma centelha do incêndio espiritual que ele certa vez acendera, de que suas ideias não se extinguiram, mas aqui e ali, em completo silêncio, agiram sobre a fé e os costumes, até que mais cedo ou mais tarde, sob a influência de experiências particulares ou de personalidades particularmente arrebatadas por seu espírito, irromperam outra vez com mais força e alcançaram influência sobre massas populares mais amplas. É sob esse ponto de vista que cabe considerar de antemão a história da religião israelita antiga. Quem quisesse construir a religião mosaica conforme a religião que, segundo os documentos históricos, encontramos na vida popular dos primeiros cinco séculos em Canaã cometeria um gravíssimo erro metodológico". Volz (1907, p. 64) é ainda mais claro. Ele afirma que "inicialmente, a imensa obra de Moisés foi compreendida e executada apenas de maneira bem débil e escassa, até que no decorrer dos séculos penetrou mais e mais, e, finalmente, encontrou espíritos afins nos grandes profetas que continuaram a obra do solitário".

Com isso eu teria chegado à conclusão de meu trabalho, que, afinal, deveria servir apenas ao propósito de inserir a figura de um Moisés egípcio no contexto da história judaica.

Para exprimir nosso resultado numa fórmula curtíssima: às conhecidas dualidades dessa história – *duas* massas populares que se reúnem para formar a nação, desagregação desta em *dois* reinos, *dois* nomes para o deus nos textos-fonte da Bíblia –, acrescentemos duas novas: *duas* fundações de religião, a primeira recalcada pela segunda e, no entanto, surgindo vitoriosa por trás dela mais tarde, e *dois* fundadores de religião, ambos chamados pelo mesmo nome, Moisés, e cujas personalidades temos de separar uma da outra. E todas essas dualidades são consequências necessárias da primeira, o fato de que uma parte do povo teve uma experiência, que cabe avaliar como traumática, da qual a outra se manteve distante. Indo mais além, ainda haveria muito a discutir, a esclarecer e a dizer. Só então o interesse por nosso estudo puramente histórico encontraria propriamente uma justificação. No que consiste a verdadeira natureza de uma tradição e no que repousa seu poder especial; o quanto é impossível negar a influência pessoal de alguns grandes homens sobre a história universal; que afronta à imensa variedade da vida humana se comete quando se pretende reconhecer apenas motivos oriundos de necessidades materiais; de que fontes muitas ideias, em especial as religiosas, tiram a força com que subjugam tanto homens quanto povos – estudar tudo isso no caso especial da história judaica seria uma tarefa sedutora. Semelhante continuação de meu trabalho encontraria uma conexão com as explanações que apresentei há 25 anos em *Totem e tabu*. Porém, acredito que não tenho mais a força para tanto.

III
Moisés, seu povo e a religião monoteísta

Primeira parte

Nota preliminar I
(Antes de março de 1938)

Com a ousadia daquele que tem pouco ou nada a perder, trato de desobedecer pela segunda vez um propósito bem fundamentado, acrescentando aos dois ensaios sobre Moisés, publicados em *Imago* (vol. XXIII, nº 1 e nº 3), a parte final que eu havia reservado. Concluí afirmando saber que minhas forças não bastariam para tanto; eu me referia, naturalmente, ao enfraquecimento das capacidades criativas que acompanha a idade avançada[1], mas também pensava em outro obstáculo.

Vivemos numa época particularmente curiosa. Descobrimos com espanto que o progresso selou uma aliança com a barbárie. Na Rússia soviética empreenderam elevar a melhores formas de vida cerca de cem milhões de pessoas mantidas na sujeição. Foram ousados o bastante para privá-las do "ópio" da religião e sábios a ponto de lhes conceder um grau razoável de liberdade sexual, mas, ao mesmo tempo, as submeteram à

1. Não partilho a opinião de um homem de minha idade, Bernard Shaw, de que os seres humanos só conseguiriam fazer algo direito se pudessem chegar aos trezentos anos. Nada se conseguiria com o aumento do tempo de vida, a não ser que muitas outras coisas nas condições de vida fossem radicalmente mudadas.

mais cruel coação e as despojaram de qualquer possibilidade de pensar livremente. Com violência semelhante, o povo italiano é educado para a ordem e para o sentimento de dever. Sentimos como o alívio de uma preocupação opressora quando, no caso do povo alemão, vemos que a recaída na barbárie quase pré-histórica também pode acontecer sem o apoio em qualquer ideia progressista. Seja como for, as coisas tomaram um aspecto tal que hoje as democracias conservadoras se tornaram as guardiãs do progresso cultural, e, de maneira estranha, precisamente a instituição da Igreja católica contrapõe uma defesa enérgica à difusão daquele perigo cultural. Ela, até agora a inimiga implacável da liberdade de pensamento e do progresso rumo ao conhecimento da verdade!

Vivemos aqui num país católico, sob a proteção dessa Igreja, incertos quanto ao tempo que essa proteção durará. Porém, enquanto ela persistir, naturalmente hesitamos em fazer algo que vá despertar a hostilidade da Igreja. Não é covardia, e sim cautela; o novo inimigo, a serviço do qual não queremos nos colocar, é mais perigoso do que o antigo, com o qual já aprendemos a conviver. De qualquer maneira, a investigação psicanalítica que cultivamos é objeto de atenção desconfiada por parte do catolicismo. Não afirmaremos que faltem razões para tanto. Se nosso trabalho nos leva a um resultado que reduz a religião a uma neurose da humanidade e esclarece seu grandioso poder da mesma forma que esclarece a compulsão neurótica em alguns de nossos pacientes estamos seguros de atrair sobre nós a mais enérgica indignação dos poderes dominantes em nosso meio. Não que tivéssemos algo a dizer que fosse novo, que já não tenhamos dito com clareza suficiente há um quarto de século, mas desde então isso foi esquecido e não pode ficar sem efeito se hoje o repetimos e ilustramos com um exemplo normativo de todas as fundações de religião. Isso provavelmente levaria à proibição de praticar a psicanálise. Afinal, aqueles violentos métodos repressivos de forma alguma são alheios à Igreja; ela se sente antes roubada em seus privilégios quando outros também se servem deles. Mas a psicanálise, que no decorrer de minha longa vida chegou a toda parte, ainda não tem um lar que lhe fosse mais valioso do que justamente a cidade em que nasceu e cresceu.

Eu não apenas acho, eu sei que esse outro obstáculo, o perigo exterior, me impedirá de publicar a última parte de meu estudo sobre Moisés. Fiz mais uma tentativa para tirar a dificuldade de meu caminho dizendo a mim mesmo que esse medo se baseava numa supervalorização de minha importância pessoal. É provável que o que eu pretenda escrever sobre Moisés e a origem das religiões monoteístas seja perfeitamente indiferente às instâncias competentes. Porém, não me sinto seguro quanto a esse juízo. Parece-me muito mais possível que a maldade e o sensacionalismo compensem a importância que me falta no julgamento dos contemporâneos. Portanto, não publicarei este trabalho, mas isso não precisa me impedir de escrevê-lo. Em especial, porque já o redigi há dois anos, de maneira que apenas preciso revisá-lo e acrescentá-lo aos dois ensaios precedentes. Então ele poderá permanecer guardado na obscuridade até que chegue o tempo em que possa se atrever a sair à luz sem perigo, ou até que se possa dizer a alguém que se declare partidário das mesmas conclusões e opiniões: "Já houve alguém, em tempos mais sombrios, que pensou o mesmo que você".

Nota preliminar II
(Junho de 1938)

As dificuldades bem particulares que pesaram sobre mim durante a redação deste estudo relacionado com a pessoa de Moisés – escrúpulos interiores, bem como impedimentos exteriores – fazem com que este terceiro e último ensaio seja introduzido por dois prefácios diferentes que se contradizem e inclusive se anulam. Pois no curto intervalo de tempo entre ambos, as condições exteriores do autor se modificaram de maneira radical. Eu vivia sob a proteção da Igreja católica e tinha medo de perdê-la devido à minha publicação e de causar uma proibição de trabalho para os adeptos e discípulos da psicanálise na Áustria. E então veio subitamente a invasão alemã; o catolicismo mostrou ser, para dizê-lo com palavras bíblicas, um "caniço agitado pelo vento". Na certeza de agora ser perseguido não apenas devido à minha maneira de pensar, mas também devido à minha raça, abandonei, com muitos amigos, a cidade que desde a primeira infância e por 78 anos foi minha pátria.

Recebi a mais amistosa acolhida na bela, livre e generosa Inglaterra. Aqui vivo agora, um hóspede bem-visto, e respiro aliviado por ter sido liberto daquela opressão e outra vez poder falar e escrever – eu quase teria dito: pensar – como quero ou tenho de fazê-lo. Ouso apresentar ao público a última parte de meu trabalho.

Nada mais de obstáculos externos, ou, pelo menos, nenhum daqueles frente aos quais se precise recuar apavorado. Nas poucas semanas de minha estada aqui, recebi um sem-número de cumprimentos de amigos, que se alegravam pela minha presença, e de desconhecidos, inclusive desinteressados, que apenas queriam expressar sua satisfação pelo fato de que aqui encontrei liberdade e segurança. E além dessas, numa frequência surpreendente para o estrangeiro, recebi cartas de outro tipo, que se preocupavam com a salvação de minha alma, queriam me apontar o caminho de Cristo e me esclarecer sobre o futuro de Israel.

As boas pessoas que assim escreviam não podem ter sabido muito a meu respeito; porém, se este trabalho sobre Moisés se tornar conhecido entre meus novos compatriotas por meio de uma tradução, espero perder, também entre certo número de outras pessoas, bastante das simpatias que agora me mostram.

Quanto às dificuldades interiores, a reviravolta política e a mudança de domicílio não puderam mudar nada. Como antes, me sinto inseguro em vista de meu próprio trabalho, sinto falta da consciência de unidade e de afinidade que deve existir entre o autor e sua obra. Não que me falte a convicção quanto à correção do resultado. Esta eu já adquiri há um quarto de século quando escrevi *Totem e tabu*, em 1912, e desde então ela só se fortaleceu. Desde aquela época, não duvidei mais que os fenômenos religiosos só podem ser compreendidos segundo o modelo de nossos conhecidos sintomas neuróticos do indivíduo, isto é, como retornos de acontecimentos significativos, há muito esquecidos, da pré-história da família humana, e que tais fenômenos devem seu caráter compulsivo precisamente a essa origem, agindo sobre os seres humanos, portanto, em virtude de seu conteúdo de verdade *histórica*. Minha insegurança só começa quando me pergunto se consegui demonstrar essas teses no exemplo aqui escolhido do monoteísmo judaico. Este trabalho que tem Moisés como ponto de partida parece à minha crítica como uma bailarina que se equilibra na ponta de um dos pés. Se eu não pudesse me apoiar na interpretação analítica do mito de abandono e, a partir daí, avançar até a hipótese de Sellin sobre o fim de Moisés, o todo teria de permanecer sem ser escrito. Seja como for, lançamo-nos agora à ousadia.

Começo resumindo os resultados de meu segundo estudo, puramente histórico, sobre Moisés. Eles não serão submetidos aqui a nenhuma nova crítica, pois constituem o pressuposto das discussões psicológicas que deles partem e a eles repetidamente retornam.

A. O pressuposto histórico

O pano de fundo histórico dos acontecimentos que cativaram nosso interesse é, portanto, o seguinte: mediante as conquistas da XVIII dinastia, o Egito se tornou um império mundial. O novo imperialismo se reflete no desenvolvimento das ideias religiosas, se não de todo o povo, pelo menos de sua camada superior, a dominante e espiritualmente ativa. Sob a influência dos sacerdotes do deus do Sol em On (Heliópolis), talvez reforçada por incitações oriundas da Ásia, emerge a ideia de um deus universal, Aton, a quem não adere mais a limitação a um país e a um povo. Com o jovem Amenófis IV, chega ao poder um faraó que não conhece interesse mais elevado do que o desenvolvimento dessa ideia de deus. Ele eleva a religião de Aton à categoria de religião estatal, e por meio dele o deus universal se torna o *único* deus; tudo o que se conta sobre outros deuses é logro e mentira. Com uma inflexibilidade grandiosa, ele resiste a todas as tentações do pensamento mágico e rejeita a ilusão de uma vida após a morte, tão cara especialmente aos egípcios. Numa premonição espantosa de um conhecimento científico posterior, ele reconhece na energia da radiação solar a fonte de toda a vida na Terra e a venera como o símbolo do poder de seu deus. Ele se vangloria de sua alegria com a Criação e de sua vida em Maat (verdade e justiça).

É o primeiro caso, e talvez o mais puro, de uma religião monoteísta na história da humanidade; uma compreensão mais profunda das condições históricas e psicológicas de seu surgimento seria de valor inestimável. Mas se cuidou para que não chegassem a nós notícias excessivas sobre a religião de Aton. Tudo o que Ikhnaton tinha criado já sucumbiu sob seus débeis sucessores. A vingança dos sacerdotes que ele reprimira raivava contra sua memória, a religião de Aton foi eliminada e a residência do faraó estigmatizado como sacrílego foi destruída e saqueada. Por volta de 1350 a.C., a XVIII dinastia se extinguiu; depois de um período de anarquia, o general Haremhab, que reinou até 1315 a.C., restabeleceu a ordem. A reforma de Ikhnaton parecia um episódio destinado ao esquecimento.

O que foi historicamente verificado vai até esse ponto; agora começa nossa continuação hipotética. Entre as pessoas próximas a Ikhnaton havia um homem que talvez se chamasse Thut-mose, como muitos outros na época[2] – o nome não importa muito, apenas que seu segundo elemento tinha de ser *-mose*. Ele ocupava uma alta posição, era um adepto convicto da religião de Aton, mas, em oposição ao rei meditativo, era enérgico e passional. Para esse homem, a morte de Ikhnaton e a abolição de sua religião significavam o fim de todas as suas expectativas. Ele poderia continuar vivendo no Egito apenas como um proscrito ou um apóstata. Na condição, talvez, de governador de uma província fronteiriça, ele entrou em contato com uma tribo semita que ali se estabelecera há algumas gerações. Em meio à miséria da desilusão e do isolamento, ele se voltou a esses estrangeiros, buscando neles a reparação de suas perdas. Ele os escolheu como seu povo, tentou realizar neles seus ideais. Após deixar com eles o Egito, acompanhado por seu séquito, ele os santificou por meio do sinal da circuncisão, lhes deu leis e os iniciou nas doutrinas

2. Assim também se chamava, por exemplo, o escultor cujo ateliê foi encontrado em Tell-el-Amarna.

da religião de Aton, que os egípcios tinham acabado de rejeitar. Talvez as prescrições que esse homem Moisés tenha dado a seus judeus fossem ainda mais duras do que as de seu senhor e mestre Ikhnaton; talvez ele também tenha desistido do apoio no deus solar de On, ao qual Ikhnaton ainda se apegara.

Para o êxodo do Egito, temos de fixar o período do interregno, depois de 1350 a.C. Os lapsos de tempo seguintes, até a consumação da tomada de posse da terra de Canaã, são especialmente obscuros. Da escuridão que o relato bíblico deixou – ou antes, criou – neste ponto, a investigação histórica de nossos dias pôde extrair dois fatos. O primeiro, descoberto por E. Sellin, é o de que os judeus, que, segundo a própria Bíblia declara, eram teimosos e renitentes em relação a seu legislador e líder, certo dia se sublevaram contra ele, o assassinaram e rejeitaram a religião de Aton, que lhes fora imposta, como antes haviam feito os egípcios. O segundo fato, demonstrado por E. Meyer, é o de que esses judeus que tinham voltado do Egito se uniram mais tarde a outras tribos, estreitamente aparentadas com eles, na região entre a Palestina, a península do Sinai e a Arábia, e que ali, num lugar de águas abundantes, Cades, sob a influência dos midianitas árabes, adotaram uma nova religião, a adoração do deus vulcânico Jeová. Pouco depois eles estavam prontos para invadir Canaã na condição de conquistadores.

As relações cronológicas desses dois acontecimentos entre si e com o êxodo do Egito são muito incertas. O próximo ponto de apoio histórico é dado por uma estela do faraó Merneptah (até 1215 a.C.), que, no relato sobre expedições militares na Síria e na Palestina, menciona "Israel" entre os derrotados. Se tomarmos a data dessa estela como um *terminus ad quem* [data-limite], resta mais ou menos um século (depois de 1350 até antes de 1215 a.C.) para todo o transcurso desde o êxodo. Porém, é possível que o nome "Israel" ainda não se refira às tribos cujo destino acompanhamos e que na realidade tenhamos à nossa disposição um lapso de tempo maior. O estabelecimento do posterior povo judeu em Canaã certamente não foi uma conquista que transcorreu depressa, e sim um processo que se consumou em etapas e se estendeu por um longo período. Se nos livrarmos da restrição imposta pela estela de Merneptah, podemos, com facilidade tanto maior, encarar uma geração (trinta anos) como o período de Moisés[3], deixando passar pelo menos duas gerações, mas provavelmente mais, até a unificação em Cades[4]; o intervalo entre Cades e a partida rumo a Canaã não precisa ser longo; a tradição judaica, como foi mostrado no ensaio anterior, tinha boas razões para encurtar o intervalo entre o êxodo e a fundação da religião em Cades; à nossa exposição, interessa o contrário.

Mas tudo isso ainda é história, uma tentativa de preencher as lacunas de nosso conhecimento histórico, em parte repetição extraída do segundo ensaio publicado na revista *Imago*. Nosso interesse acompanha os destinos de Moisés e de suas doutrinas, às quais a rebelião dos judeus apenas aparentemente deu um fim. Pelo relato do jeovista, redigido por volta do ano 1000 a.C., mas que certamente se baseou em fixações anteriores, descobrimos que a unificação e a fundação da religião em Cades implicaram um compromisso em que as duas partes ainda podem ser bem diferenciadas. A um dos sócios apenas importava desmentir a novidade e a estranheza do deus Jeová e aumentar seu direito à devoção do povo; o outro não queria renunciar às lembranças da libertação do Egito e da grandiosa figura do líder Moisés, que lhe eram caras, e ele realmente conseguiu acomodar tanto o fato quanto o homem no novo relato da pré-história, conservar

3. Isso corresponderia aos quarenta anos de peregrinação pelo deserto mencionados no texto bíblico.

4. Ou seja, o período de Moisés corresponde aproximadamente a 1350 (1340)-1320 (1310) a.C.; Cades, a 1260 a.C. ou, de preferência, mais tarde; a estela de Merneptah, a antes de 1215 a.C.

pelo menos o sinal externo da religião de Moisés, a circuncisão, e talvez impor certas restrições ao uso do novo nome do deus. Havíamos dito que os representantes dessas reivindicações eram os descendentes da gente de Moisés, os levitas, separados por apenas poucas gerações dos contemporâneos e compatriotas de Moisés e ainda ligados à sua memória por uma viva recordação. Os relatos poeticamente ornamentados que atribuímos ao jeovista e a seu concorrente posterior, o eloísta, eram como tumbas sob as quais a verdadeira notícia daquelas coisas antigas, da natureza da religião mosaica e do assassinato violento do grande homem, subtraída ao saber das gerações posteriores, encontraria seu descanso eterno, por assim dizer. E, se atinamos corretamente com esse processo, não há mais nada de enigmático nele; no entanto, poderia muito bem ter significado o fim definitivo do episódio mosaico na história do povo judeu.

O notável é que as coisas não tenham sido assim, que os efeitos mais intensos daquela experiência do povo apareçam apenas mais tarde, que penetrem na realidade gradativamente no decorrer de muitos séculos. Não é provável que por seu caráter Jeová se distinguisse muito dos deuses de povos e tribos vizinhos; é verdade que lutava com eles, como os próprios povos lutavam entre si, mas é lícito supor que a um adorador de Jeová daqueles tempos não ocorria a ideia de negar a existência dos deuses de Canaã, Moabe, Amaleque etc. como não lhe ocorria a de negar a existência dos povos que neles acreditavam.

A ideia monoteísta que brilhara de súbito com Ikhnaton se obscurecera, e ainda deveria ficar por longo tempo na escuridão. Descobertas na ilha Elefantina, próxima à primeira catarata do Nilo, trouxeram a notícia surpreendente de que por séculos existiu ali uma colônia militar judaica em cujo templo, ao lado do deus principal, Jaú, se adorava duas divindades femininas, uma delas chamada Anate-Jaú. Esses judeus, porém, estavam separados da pátria e não haviam tomado parte de seu desenvolvimento religioso; o governo imperial persa (século V a.C.) lhes transmitiu o conhecimento dos novos preceitos cultuais de Jerusalém.[5] Voltando a tempos mais antigos, estamos autorizados a dizer que o deus Jeová certamente não tinha qualquer semelhança com o deus mosaico. Aton havia sido pacifista como seu representante na Terra, na verdade seu modelo, o faraó Ikhnaton, que assistiu passivamente ao desmantelamento do império mundial conquistado pelos seus ancestrais. Para um povo que se dispunha à apropriação violenta de um novo domicílio, Jeová certamente era mais adequado. E tudo o que era digno de veneração no deus mosaico se subtraiu por inteiro à compreensão da massa primitiva.

Já afirmei – e ao fazê-lo recorri de bom grado à concordância com outros autores – que o fato central do desenvolvimento religioso judaico foi que o deus Jeová perdeu suas características próprias no decorrer das épocas e adquiriu semelhança sempre maior com o antigo deus de Moisés, Aton. Restaram diferenças, é verdade, que a um primeiro olhar tenderíamos a estimar como grandes, mas é fácil explicá-las. Aton tinha começado a reinar no Egito numa época feliz de propriedade assegurada, e, mesmo quando o império começou a vacilar, seus adoradores conseguiram se afastar da perturbação e continuaram a louvar e a apreciar suas criações.

O destino trouxe ao povo judeu uma série de provas severas e de experiências dolorosas; seu deus se tornou duro e rigoroso, como que ensombrecido. Ele conservou o caráter de deus universal, que reina sobre todos os países e povos, mas o fato de sua adoração ter passado dos egípcios para os judeus encontrou expressão no complemento de que os judeus seriam seu povo escolhido, cujas obrigações especiais também encontrariam uma recompensa especial no fim. Pode não ter sido

5. Auerbach, vol. 2 (1936).

fácil ao povo conciliar a crença de ser o predileto de seu deus onipotente com as tristes experiências de seu destino infeliz. Mas ele não se deixou confundir; aumentou seu próprio sentimento de culpa para sufocar suas dúvidas em relação a Deus, e no fim talvez tenha se referido aos "desígnios inescrutáveis de Deus", como os devotos ainda hoje fazem. Se ficava admirado por Ele permitir o surgimento incessante de novos agressores pelos quais era subjugado e maltratado – assírios, babilônios, persas –, não deixava de reconhecer Seu poder no fato de que todos esses inimigos malvados acabavam sendo eles próprios derrotados e seus impérios desapareciam.

Em três pontos importantes o posterior deus judeu finalmente se tornou igual ao antigo deus mosaico. O primeiro e decisivo é que ele de fato foi reconhecido como o único deus, ao lado do qual não se pode imaginar outro. O monoteísmo de Ikhnaton foi levado a sério por todo um povo, e esse povo se aferrou tanto a essa ideia que ela se tornou o principal conteúdo de sua vida espiritual e não lhe restou qualquer interesse por outras coisas. O povo e o clero que chegara ao poder estavam de acordo nesse ponto, mas, enquanto os sacerdotes esgotavam sua atividade aperfeiçoando o cerimonial para sua adoração, entraram em confronto com intensas correntes do povo que buscavam reviver duas outras doutrinas de Moisés sobre seu deus. As vozes dos profetas não se cansaram de proclamar que o deus desdenhava cerimonial e sacrifício, exigindo apenas que se acreditasse nele e se levasse uma vida na verdade e na justiça. E, se louvavam a simplicidade e a santidade da vida no deserto, certamente estavam sob a influência dos ideais mosaicos.

Está na hora de levantar a questão de saber se é mesmo necessário invocar a influência de Moisés sobre a conformação final da ideia judaica de deus, se não basta a hipótese de um desenvolvimento espontâneo até uma espiritualidade mais elevada durante uma vida cultural que se estende por séculos. Há duas coisas a dizer sobre essa possibilidade explicativa que daria um fim a todas as nossas especulações. Em primeiro lugar, que ela não explica nada. No caso do povo grego, sem dúvida altamente dotado, as mesmas circunstâncias não levaram ao monoteísmo, mas ao afrouxamento da religião politeísta e ao começo do pensamento filosófico. No Egito, o monoteísmo crescera, até onde o compreendemos, como um efeito secundário do imperialismo; o deus era o reflexo do faraó que dominava de maneira irrestrita um grande império mundial. No caso dos judeus, as condições políticas eram extremamente desfavoráveis a um desenvolvimento que, partindo da ideia do deus exclusivo de um povo, chegasse à do soberano universal do mundo; e de onde essa nação minúscula e impotente tirou o atrevimento de se fazer passar pelo filho favorito e privilegiado do grande senhor? Dessa maneira, a pergunta pela origem do monoteísmo entre os judeus ficaria sem resposta, ou nos contentaríamos com a resposta corrente de que ele é a expressão do gênio religioso próprio desse povo. Como se sabe, o gênio é incompreensível e irresponsável, e por isso não se deve invocá-lo para explicações antes que todas as outras soluções tenham falhado.[6]

Além disso, topamos com o fato de que os próprios relatos e a própria historiografia judaica nos mostram o caminho ao afirmar com grande determinação, desta vez sem se contradizer, que a ideia de um deus único foi dada ao povo por Moisés. Se há uma objeção à plausibilidade dessa afirmação, é a de que a revisão sacerdotal do texto que temos à nossa disposição evidentemente atribui coisas demais a Moisés. Instituições e prescrições rituais que sem dúvida pertencem a épocas posteriores são declaradas

6. A mesma ponderação também vale para o caso notável de William Shakespeare, de Stratford.

mandamentos mosaicos, com o propósito claro de lhes conferir autoridade. Para nós, isso é certamente uma razão de suspeita, mas não basta para um repúdio. Pois o motivo mais profundo de tal exagero é bem evidente. O relato sacerdotal pretende estabelecer um *continuum* entre seu presente e os antigos tempos mosaicos; ele pretende desmentir precisamente aquilo que qualificamos como o fato mais chamativo da história religiosa judaica, a saber, que entre a promulgação da lei por Moisés e a posterior religião judaica se abre uma lacuna que de início foi preenchida pelo culto a Jeová e apenas mais tarde foi fechada lentamente. Tal relato contesta esse acontecimento por todos os meios, embora sua correção histórica esteja estabelecida acima de qualquer dúvida, pois apesar do tratamento especial que o texto bíblico experimentou restaram indicações abundantes que o comprovam. A revisão sacerdotal tentou aqui algo semelhante àquela tendência distorcedora que transformou o novo deus Jeová em deus dos patriarcas. Se levarmos em conta esse motivo do Código Sacerdotal, torna-se difícil para nós recusar crédito à afirmação de que foi realmente o próprio Moisés que deu a ideia monoteísta a seus judeus. Nosso assentimento deveria se tornar tanto mais fácil na medida em que sabemos dizer de onde essa ideia veio a Moisés, o que os sacerdotes judeus certamente não mais sabiam.

Neste ponto, alguém poderia levantar a questão: "O que ganhamos ao derivar o monoteísmo judaico do egípcio? Essa derivação apenas desloca um pouco o problema; não ficamos sabendo mais sobre a gênese da ideia monoteísta". A resposta é que não se trata de uma questão de ganho, e sim de investigação. E talvez aprendamos alguma coisa se ficarmos conhecendo o efetivo desenrolar dos fatos.

B. Período de latência e tradição

Portanto, nos declaramos partidários da crença de que a ideia de um deus único, bem como o repúdio do cerimonial de efeito mágico e a ênfase da exigência ética em nome desse deus, eram de fato doutrinas mosaicas que de início não receberam atenção, mas que entraram em vigor após o transcurso de um longo intervalo e por fim se impuseram de maneira permanente. Como explicar semelhante efeito retardado, e onde encontramos fenômenos parecidos?

A primeira ideia que nos ocorre diz que não é raro encontrá-los em campos muito diferentes e que é provável que ocorram de variadas maneiras, compreensíveis com maior ou menor facilidade. Tomemos como exemplo o destino de uma nova teoria científica, como a teoria darwiniana da evolução. De início, ela encontra uma rejeição exasperada e é debatida com violência por décadas, mas não é preciso mais do que uma geração até que seja reconhecida como um grande progresso rumo à verdade. O próprio Darwin ainda consegue a honra de um túmulo ou cenotáfio em Westminster. Um caso desses nos deixa pouco a decifrar. A nova verdade despertou resistências afetivas, estas se fazem representar por argumentos com os quais se pode contestar as provas em favor da teoria desagradável, a luta de opiniões leva certo tempo, desde o início há adeptos e adversários, tanto o número quanto a importância dos primeiros aumentam sem cessar até que finalmente prevalecem; durante todo o tempo da luta jamais se esqueceu o que está em questão. Mal nos admiramos de que todo o transcurso tenha requerido um longo tempo; provavelmente não apreciamos de maneira suficiente o fato de estarmos lidando com um processo da psicologia das massas.

Não há qualquer dificuldade em encontrar uma analogia plenamente correspondente a esse processo na vida psíquica de um indivíduo. Seria o caso de alguém que toma conhecimento de algo novo que, com base em certas provas, deve reconhecer como verdade, mas que contradiz alguns de seus desejos e fere algumas das convicções que lhe são valiosas. Então ele hesitará, buscará razões com as quais possa colocar o novo em dúvida e lutará consigo mesmo por algum tempo até por fim admitir a si próprio: "As coisas são mesmo assim, embora eu não as aceite facilmente, embora me seja penoso ter de acreditar nelas". Apenas aprendemos disso que é preciso tempo até que o trabalho de compreensão do eu tenha superado objeções que são sustentadas por fortes investimentos afetivos. A semelhança entre este caso e aquele que nos esforçamos por compreender não é muito grande.

O próximo exemplo ao qual recorremos parece ter ainda menos em comum com o nosso problema. Ocorre que um homem deixe aparentemente ileso o lugar em que sofreu um terrível acidente – por exemplo, uma colisão de trens. Porém, no decorrer das semanas seguintes ele desenvolve uma série de graves sintomas psíquicos e motores que só podemos derivar de seu choque, daquele abalo ou do que for que tenha agido naquela ocasião. Agora ele tem uma "neurose traumática". Esse é um fato inteiramente incompreensível, ou seja, um fato novo. O tempo que transcorreu entre o acidente e a primeira manifestação dos sintomas é chamado de "período de incubação", numa alusão transparente à patologia das doenças infecciosas. Apesar da diferença fundamental dos dois casos, chamará nossa atenção *a posteriori* que entre os problemas da neurose traumática e do monoteísmo judaico exista no entanto uma correspondência em um ponto. A saber, na característica que se poderia chamar de *latência*. Afinal, conforme nossa assegurada hipótese, há na história religiosa judaica um longo período depois da apostasia da religião mosaica em que nada se percebe da ideia monoteísta, do desdém pelo cerimonial e da ênfase exacerbada do ético. Dessa forma, somos preparados para a possibilidade de que a solução de nosso problema deva ser buscada numa situação psicológica particular.

Já expusemos repetidas vezes o que aconteceu em Cades quando as duas partes do posterior povo judeu se reuniram para adotar uma nova religião. No lado daqueles que estiveram no Egito, as lembranças do êxodo e da figura de Moisés ainda eram tão fortes e vivas que exigiam registro num relato sobre a pré-história. Talvez fossem os netos de pessoas que tinham conhecido o próprio Moisés, e alguns deles ainda se sentissem egípcios e tivessem nomes egípcios. Porém, eles tinham bons motivos para recalcar a lembrança do destino que coubera a seu líder e legislador. Para os outros, era determinante o propósito de glorificar o novo deus e contestar sua estranheza. Ambas as partes tinham o mesmo interesse em desmentir que haviam tido uma religião anterior e qual havia sido seu conteúdo. Assim se produziu aquele primeiro compromisso, que provavelmente recebeu logo uma fixação escrita; a gente do Egito tinha trazido consigo a escrita e o gosto pela historiografia, mas ainda demoraria muito até que a historiografia reconhecesse que está obrigada a uma veracidade inflexível. De início, ela não tinha escrúpulos em moldar seus relatos de acordo com suas necessidades e tendências do momento, como se ainda não tivesse se dado conta do conceito de falsificação. Em consequência dessas circunstâncias pôde se formar uma oposição entre a fixação escrita e a transmissão oral do mesmo material, a *tradição*. O que fora omitido ou alterado no registro escrito pode muito bem ter se conservado intacto na tradição. A tradição era o complemento e ao mesmo tempo a contradição à historiografia. Ela estava menos submetida à influência das tendências distorcedoras, talvez inteiramente subtraída a ela em algumas partes e por isso podia ser mais verídica do que o relato fixado por escrito. Porém, sua confiabilidade padecia por ser mais inconstante e mais indeterminada do que o registro escrito, por estar exposta a múltiplas modificações e desfigurações ao ser transmitida por comunicação oral de uma geração a outra. Tal tradição podia ter diferentes destinos. Antes de mais nada, deveríamos esperar que seja morta pelo registro escrito, não consiga se sustentar a seu lado, se torne sempre mais vaga e por fim caia no esquecimento. Mas outros destinos também são possíveis; um deles é que a própria tradição acabe numa fixação escrita, e, quanto a outros, teremos de tratar deles a seguir.

Para o fenômeno que nos ocupa, a latência na história religiosa judaica, se oferece a explicação de que os fatos e os conteúdos intencionalmente desmentidos pela historiografia por assim dizer oficial na realidade nunca se perderam. A notícia deles continuou vivendo em tradições que se conservaram no povo. Conforme assegura Sellin, mesmo sobre o fim de Moisés havia uma tradição que contradizia de maneira aberta o relato oficial e se aproximava muito mais da verdade. Estamos autorizados a supor que o mesmo aconteceu a outras coisas que aparentemente sucumbiram junto com Moisés, a alguns conteúdos da religião mosaica que haviam sido inaceitáveis para a maioria dos contemporâneos de Moisés.

Mas o fato notável que aqui encontramos é o de que essas tradições, em vez de se enfraquecerem com o tempo, se tornaram sempre mais fortes no decorrer dos séculos, se imiscuíram nas revisões posteriores dos relatos oficiais e finalmente se mostraram fortes o bastante para influenciar o pensamento e o agir do povo de maneira decisiva. Porém, escapa de início ao nosso conhecimento quais foram as condições que possibilitaram esse desfecho.

Esse fato é tão notável que nos sentimos autorizados a apresentá-lo mais uma vez. Nele está contido nosso problema. O povo judeu tinha abandonado a religião de Aton que lhe fora dada por Moisés e se voltado à adoração de outro deus, que pouco se diferenciava dos Baalins dos povos vizinhos. Nenhum dos esforços das tendências posteriores conseguiu ocultar esse vergonhoso estado de coisas. Mas a religião de Moisés não sucumbira sem deixar marcas; uma espécie de lembrança dela havia se conservado, uma tradição talvez obscurecida e distorcida. E foi essa tradição de um grande passado que continuou agindo a partir do segundo plano, por assim dizer, adquiriu pouco a pouco cada vez mais poder sobre os espíritos e finalmente conseguiu transformar o deus Jeová no deus mosaico e trazer novamente à vida a religião de Moisés, instituída há muitos séculos e então abandonada. Que uma tradição desaparecida exerça um efeito tão poderoso sobre a vida psíquica de um povo, eis uma ideia que não nos é familiar. Encontramo-nos aí num campo da psicologia das massas em que não nos sentimos em casa. Procuramos por analogias, por fatos de natureza pelo menos parecida, ainda que em outros campos. Acreditamos que podem ser encontrados.

No tempo em que se preparava entre os judeus o retorno da religião de Moisés, o povo grego se achava de posse de um patrimônio extremamente rico de lendas genealógicas e mitos heroicos. No século IX ou VIII a.C., acredita-se, surgiram as duas epopeias homéricas, que tomaram seu material desse grupo de lendas. Com nossas compreensões psicológicas atuais, poderíamos, muito antes de Schliemann e Evans, ter levantado esta pergunta: de onde os gregos tomaram todo o material lendário que Homero e os grandes dramaturgos áticos elaboraram em suas obras-primas? A resposta haveria de ser: esse povo provavelmente experimentou em sua pré-história um período de brilho externo e de florescimento cultural que sucumbiu numa catástrofe histórica e do qual se conservou nessas lendas uma obscura tradição. A investigação arqueológica de nossos dias confirmou essa conjectura, que naquela época certamente teria sido declarada audaciosa demais. Ela descobriu os testemunhos da grandiosa cultura minoico-micênica, que na Grécia continental provavelmente já tinha chegado ao fim antes de 1250 a.C. Nos historiadores gregos da época posterior, mal se encontra uma referência a ela. Apenas a observação de que houve uma época em que os cretenses detinham o domínio marítimo e os nomes do rei Minos e de seu palácio, o Labirinto; isso é tudo, nada mais restou dela senão as tradições aproveitadas pelos poetas.

As epopeias nacionais de outros povos, como os alemães, os indianos e os finlandeses, também se tornaram conhecidas. Cabe aos historiadores da literatura investigar se seu surgimento permite supor as mesmas condições que no caso dos gregos. Acredito que a investigação trará um resultado positivo. A condição que reconhecemos é: um fragmento de pré-história que logo depois tinha de parecer substancial, significativo e grandioso, talvez sempre heroico, mas que se encontra tão distante, pertence a tempos tão remotos que apenas uma tradição obscura e incompleta dá notícia dele às gerações posteriores. Gerou admiração o fato de a epopeia como gênero artístico ter se extinguido em épocas posteriores. Talvez a explicação se encontre no fato de a condição para ela não mais ter se produzido. O material antigo acabara, e para todos os acontecimentos posteriores a historiografia tomara o lugar da tradição. As maiores façanhas de nossos dias não foram capazes de inspirar uma epopeia, mas já Alexandre, o Grande, tinha direito à queixa de que não encontraria um Homero.

Épocas remotas exercem uma grande atração, muitas vezes enigmática, sobre a fantasia dos seres humanos. Sempre que estão insatisfeitos com seu presente – o que acontece com bastante frequência –, eles se voltam para o passado e esperam poder confirmar nele o sonho jamais extinto de uma época de ouro.[7] É provável que ainda se encontrem sob o encanto de sua

7. Macaulay tomou essa situação por fundamento de suas *Baladas da Roma antiga*. Nessa obra, ele se coloca no papel de um bardo que, aflito com as brutais lutas partidárias da atualidade, apresenta a seus ouvintes o autossacrifício, a unidade e o patriotismo dos ancestrais.

infância, que uma lembrança não imparcial lhes mostra como um tempo de bem-aventurança imperturbada. Quando subsistem do passado apenas as lembranças incompletas e nebulosas que chamamos de tradição, isso constitui um estímulo especial para o artista, pois então ele está livre para preencher as lacunas da lembrança conforme os desejos de sua fantasia e moldar de acordo com suas intenções a imagem da época que pretende reproduzir. Quase se poderia dizer que quanto mais indefinida se tornou a tradição tanto mais utilizável ela se torna para o poeta. Assim, não precisamos nos admirar acerca da importância da tradição para a poesia, e a analogia com o caráter condicionado da epopeia nos tornará mais acessíveis à estranha hipótese de que foi a tradição mosaica que, entre os judeus, transformou o culto de Jeová no sentido da antiga religião de Moisés. Mas os dois casos ainda são diferentes demais sob outros aspectos. No primeiro, o resultado é um poema, e no segundo, uma religião; no caso desta, supomos que, sob o estímulo da tradição, ela foi reproduzida com uma fidelidade para a qual o caso da epopeia naturalmente não pode mostrar o equivalente. Assim, resta bastante de nosso problema para justificar a necessidade de analogias mais adequadas.

C. A analogia

A única analogia satisfatória com o notável processo que distinguimos na história religiosa judaica se encontra num campo aparentemente muito distante; mas ela é muito completa, e se aproxima da identidade. Nesse campo voltamos a encontrar o fenômeno da latência, o surgimento de fenômenos incompreensíveis que exigem explicação e a condição da experiência precoce, posteriormente esquecida. E, do mesmo modo, o caráter da compulsão, que se impõe à psique avassalando o pensamento lógico, um traço que na gênese da epopeia, por exemplo, ficou fora de cogitação.

Essa analogia se encontra na psicopatologia, na gênese das neuroses humanas, ou seja, num campo que pertence à psicologia do indivíduo, enquanto os fenômenos religiosos naturalmente devem ser incluídos na psicologia das massas. Veremos que essa analogia não é tão surpreendente quanto se pensaria de início, mas corresponde antes a um postulado.

Chamamos de *traumas* as impressões experimentadas precocemente e depois esquecidas às quais atribuímos uma importância tão grande para a etiologia das neuroses. Podemos deixar em aberto a questão de saber se a etiologia das neuroses pode ser vista de maneira universal como traumática. A objeção evidente a tal universalidade é que não se pode destacar em todos os casos um trauma manifesto na pré-história do indivíduo neurótico. Muitas vezes é preciso se contentar em dizer que não há outra coisa senão uma reação extraordinária, anormal, a experiências e exigências que atingem todos os indivíduos e que são elaboradas e resolvidas por eles de outra maneira, que cabe chamar de normal. Quando não há outra explicação disponível senão as disposições hereditárias e constitucionais, se está compreensivelmente tentado a dizer que a neurose não é adquirida, e sim desenvolvida.

Neste contexto, porém, dois pontos se destacam. O primeiro é que a gênese da neurose remonta sempre e por toda parte a impressões infantis bastante precoces.[8] Em segundo lugar, é correto que existam casos distinguidos como "traumáticos" porque os efeitos remontam inequivocamente a uma ou várias impressões fortes dessa época precoce que escaparam a uma resolução nor-

8. De maneira que é absurdo, portanto, afirmar que se pratica psicanálise quando se deixa de investigar e de considerar precisamente esses tempos primitivos, como fazem alguns.

mal, de maneira que se poderia julgar que, se elas não tivessem ocorrido, tampouco se teria produzido a neurose. Bastaria para nossos propósitos que limitássemos a analogia buscada apenas a esses casos traumáticos. Mas o abismo entre os dois grupos não parece intransponível. É perfeitamente possível unificar as duas condições etiológicas numa única concepção; apenas importa o que é definido como traumático. Se for lícito supor que a experiência adquire o caráter traumático apenas em consequência de um fator quantitativo, ou seja, que em todos os casos em que a experiência produz reações incomuns, patológicas, a culpa se encontra num excesso de exigência, então se pode facilmente chegar à saída de que aquilo que numa constituição age como trauma não teria tal efeito em outra. Resulta assim a ideia de uma chamada *série complementar* variável, em que dois fatores se reúnem para a realização etiológica, a intensidade menor de um é compensada pela intensidade maior de outro, no todo ocorre uma cooperação entre ambos e apenas nas duas extremidades da série se pode falar de uma motivação simples. De acordo com essa ponderação, a distinção entre etiologia traumática e não traumática pode ser deixada de lado por ser irrelevante para a analogia que buscamos.

Apesar do risco de repetição, talvez seja oportuno reunir aqui os fatos que encerram a analogia que nos importa. São os seguintes: nossa investigação apresentou o resultado de que aquilo que chamamos de fenômenos (sintomas) de uma neurose são consequências de certas experiências e impressões que precisamente por isso reconhecemos como traumas etiológicos. Temos agora duas tarefas diante de nós: em primeiro lugar, procurar as características comuns dessas experiências e, em segundo, as dos sintomas neuróticos, tarefas em que certas esquematizações não precisam ser evitadas.

I. *a)* Todos esses traumas pertencem à primeira infância, mais ou menos até os cinco anos. Impressões da época em que a criança começa a falar se destacam como especialmente interessantes; o período entre os dois e os quatro anos aparece como o mais importante; não é possível constatar com certeza em que instante após o nascimento começa esse período de receptividade. *b)* Em geral, as experiências em questão foram inteiramente esquecidas, não são acessíveis à memória, caem no período da amnésia infantil, que na maioria das vezes é atravessado por restos mnêmicos isolados, as chamadas lembranças encobridoras. *c)* Tais experiências se referem a impressões de natureza sexual e agressiva, e certamente também a danos precoces ao eu (ofensas narcísicas). A propósito disso, cabe observar que crianças tão pequenas não distinguem com clareza, como fazem mais tarde, entre ações sexuais e puramente agressivas (mal-entendido sádico do ato sexual). O predomínio do fator sexual, naturalmente, é muito chamativo e exige apreciação teórica.

Esses três pontos – incidência precoce durante os primeiros cinco anos, esquecimento, conteúdo agressivo-sexual – se relacionam de maneira estreita. Os traumas são ou experiências no próprio corpo ou percepções sensoriais, na maioria das vezes de coisas vistas e ouvidas, ou seja, são experiências ou impressões. A inter-relação desses três pontos é estabelecida por uma teoria, um resultado do trabalho analítico, que é o único que pode proporcionar um conhecimento das experiências esquecidas ou, expresso de maneira mais viva, mas também mais incorreta, que pode trazê-las de volta à memória. A teoria declara que, em oposição à opinião popular, a vida sexual dos seres humanos – ou o que corresponde a ela num período posterior – mostra um florescimento precoce que termina por volta dos cinco anos, seguido pelo chamado período de latência – até a puberdade –, em que não acontece nenhum desenvolvimento da sexualidade e o que se alcançou é inclusive anulado. Essa teoria é confirmada pelo exame anatômico do crescimento dos genitais internos; ela leva à conjectura de que o ser humano descende de uma espécie animal que ficava sexualmente madura aos cinco anos e desperta a suspeita de que o adiamento da vida sexual e seu começo em dois tempos está relacionado da maneira mais íntima com a história da hominização. O homem parece ser a única criatura animal com tal latência e tal retardamento sexual. Pesquisas com primatas, que até onde sei não existem, seriam imprescindíveis para a verificação da teoria. Do ponto de vista psicológico, não pode ser indiferente que o período da amnésia infantil coincida com esse período precoce da sexualidade. Talvez esse estado de coisas produza a condição efetiva para a possibilidade da neurose, que em certo sentido, afinal, é uma prerrogativa humana e, sob esse ponto de vista, aparece como um remanescente (*survival*) dos tempos primitivos, tal como certos elementos da anatomia de nosso corpo.

II. Propriedades ou peculiaridades comuns dos fenômenos neuróticos: há dois pontos a destacar. *a)* Os efeitos do trauma são de dois tipos, positivos e negativos. Os primeiros são esforços para fazer o trauma valer outra vez, ou seja, para recordar a experiência esquecida, ou melhor ainda, para torná-la real, para experimentar uma repetição dela desde o início, e, mesmo que tenha sido apenas uma relação afetiva precoce, reavivá-la numa relação análoga com outra pessoa. Resumimos esses esforços como *fixação* no trauma e como *compulsão à repetição*. Eles podem ser acolhidos no chamado eu normal e, como tendências constantes deste, lhe conferir traços de caráter inalteráveis, embora, ou antes precisamente porque, sua fundamentação real, sua origem histórica, foi esquecida. Assim, um homem que passou a infância numa ligação excessiva, hoje esquecida, com a mãe, pode passar a vida inteira buscando uma mulher de quem possa se tornar dependente, por quem se deixe nutrir e sustentar. Uma menina que na primeira infância se tornou objeto de uma sedução sexual pode orientar sua posterior vida sexual no sentido de provocar repetidamente tais ataques. É fácil adivinhar que por meio de tais compreensões ultrapassamos o problema da neurose e avançamos para o entendimento da formação do caráter em geral.

As reações negativas perseguem a meta oposta de que nada dos traumas esquecidos seja recordado e repetido. Podemos resumi-las como *reações defensivas*. Sua expressão principal são as chamadas *evitações*, que podem se intensificar até se tornar *inibições* e *fobias*. Essas reações negativas também prestam as mais fortes contribuições à cunhagem do caráter; no fundo, são fixações no trauma da mesma forma que suas antagonistas, só que são fixações com tendência oposta. Os sintomas da neurose em sentido estrito são formações de compromisso nas quais se reúnem as duas tendências oriundas do trauma, de maneira que ora a participação de uma das orientações, ora a de outra, encontre neles expressão predominante. Por meio dessa oposição de reações se produzem conflitos que em geral não podem chegar a um fim.

b) Todos esses fenômenos, tanto os sintomas quanto as restrições do eu e as mudanças estáveis do caráter, têm caráter *compulsivo*, isto é, no caso de uma grande intensidade psíquica, mostram uma considerável independência com respeito à organização dos outros processos psíquicos que estão adaptados às exigências do mundo real externo e obedecem às leis do pensamento lógico. Eles não são influenciados, ou não o bastante, pela realidade externa, não se importam com ela nem com seus representantes psíquicos, de modo que facilmente entram em contradição ativa com ambos. Eles são, por assim dizer, um Estado dentro do Estado, um partido inacessível, inapto à cooperação, mas que pode ser bem-sucedido em subjugar o outro, o chamado normal, e forçá-lo a seu serviço. Se isso acontece, chegou-se assim à dominação de uma realidade psíquica interna sobre a realidade do mundo exterior, e se abre o caminho para a psicose. Mesmo quando as coisas não chegam a esse ponto, a importância prática dessa situação dificilmente pode ser superestimada. A inibição frente à vida e a incapacidade de viver das pessoas dominadas por uma neurose são fatores muito significativos na sociedade humana, e é lícito reconhecer nessa neurose a expressão direta da fixação de tais pessoas num fragmento precoce de seu passado.

E agora perguntamos: e quanto à latência, que tem de nos interessar de maneira especial com respeito à analogia? Ao trauma da infância pode se seguir de imediato uma irrupção neurótica, uma neurose infantil, realizada pelos esforços de defesa, com formação de sintomas. Ela pode durar por muito tempo, causar perturbações chamativas, mas também transcorrer de maneira latente e passar despercebida. Em geral, prevalece nela a defesa; em todo caso, restam modificações do eu, comparáveis a cicatrizes. Apenas raramente a neurose infantil prossegue sem interrupção na neurose do adulto. Com muito mais frequência ela é substituída por um período de desenvolvimento aparentemente tranquilo, um processo que é apoiado ou possibilitado pela intervenção do período fisiológico de latência. Só mais tarde ocorre a mudança com a qual a neurose definitiva se torna manifesta como efeito retardado do trauma. Isso acontece ou com a irrupção da puberdade ou um pouco mais tarde. No primeiro caso, porque os impulsos[9] fortalecidos pela maturação física podem retomar a luta em que de início foram derrotados pela defesa; no outro caso,

9. Em alemão, *Triebe*. Salvo indicação em contrário, "impulso" corresponde sempre a *Trieb*. Para mais detalhes sobre essa escolha, ver o apêndice a *O futuro de uma ilusão* (L&PM, 2010), também reproduzido em *O mal-estar na cultura* (L&PM, 2010). (N.T.)

porque as reações e as modificações do eu produzidas durante a defesa se mostram como obstáculos para a execução das novas tarefas da vida, de maneira que ocorrem graves conflitos entre as exigências do mundo real externo e o eu, que pretende conservar sua organização adquirida a custo na luta defensiva. O fenômeno de uma latência da neurose entre as primeiras reações ao trauma e a posterior irrupção da doença tem de ser reconhecido como típico. Também se pode ver essa doença como uma tentativa de cura, como um esforço de reconciliar com as demais as partes do eu dissociadas pela influência do trauma e reuni-las num todo forte frente ao mundo exterior. Mas uma tentativa desse gênero raramente é bem-sucedida se o trabalho analítico não vier em seu auxílio, e mesmo assim nem sempre; com bastante frequência ela termina em uma completa devastação e um completo estilhaçamento do eu ou em sua sujeição pela parte precocemente dissociada, dominada pelo trauma.

Para ganhar a convicção do leitor, seria necessário comunicar em detalhe numerosas histórias de vida de pacientes neuróticos. Porém, considerando a amplitude e a dificuldade do tema, isso anularia completamente o caráter deste trabalho. Ele se transformaria num tratado sobre a teoria das neuroses, e mesmo assim provavelmente só causaria impressão àquela minoria que escolheu o estudo e a prática da psicanálise como sua tarefa de vida. Visto que aqui me dirijo a um círculo mais amplo, não posso fazer outra coisa senão pedir ao leitor que conceda uma certa credibilidade provisória às explicações comunicadas de maneira resumida acima, com a qual se vincula minha concessão de que ele só precisa aceitar as conclusões às quais o conduzo se as teorias que são seus pressupostos se confirmarem corretas.

Posso tentar, de qualquer modo, relatar um único caso que mostra com especial nitidez muitas das peculiaridades mencionadas da neurose. Naturalmente, não se pode esperar que um único caso mostre tudo, nem se precisa ficar desapontado se, quanto ao seu conteúdo, ele se afastar muito do objeto para o qual buscamos a analogia.

O menininho que, como ocorre tantas vezes em famílias pequeno-burguesas, dividia o quarto com os pais nos primeiros anos de vida, teve repetidas e até regulares ocasiões, numa idade em que mal tinha alcançado a capacidade de falar, para observar os processos sexuais entre os pais, ver algumas coisas e escutar muitas outras. Em sua posterior neurose, que irrompe imediatamente depois da primeira polução espontânea, o primeiro e mais incômodo sintoma é um distúrbio do sono. Ele se torna extraordinariamente sensível aos ruídos noturnos e, uma vez acordado, não consegue mais voltar a dormir. Esse distúrbio do sono era um autêntico sintoma de compromisso; por um lado, a expressão de sua defesa frente àquelas percepções noturnas e, por outro, uma tentativa de restabelecer o estado de vigília, em que podia espreitar aquelas impressões.

Despertado precocemente à masculinidade agressiva por meio de tal observação, o menino começa a excitar seu pequeno pênis com a mão e empreender diversos ataques sexuais à mãe, numa identificação com o pai, em cujo lugar se colocava. Isso prosseguiu assim, até que finalmente ele foi proibido pela mãe de tocar seu membro e, além disso, ouviu dela a ameaça de que contaria tudo ao pai e de que este, como castigo, lhe tiraria o membro pecaminoso. Essa ameaça de castração teve um efeito traumático extraordinariamente forte sobre o menino. Ele renunciou à sua atividade sexual e modificou seu caráter. Em vez de se identificar com o pai, passou a temê-lo, adotou uma atitude passiva em relação a ele e, por meio de travessuras ocasionais, o levava a lhe aplicar castigos físicos que para ele tinham significado sexual, de maneira que nisso podia se identificar com a mãe maltratada. Agarrava-se a esta de maneira cada vez mais medrosa, como se por nenhum momento pudesse prescindir de seu amor, em que via a proteção contra o risco de castração que o ameaçava da parte do pai. Nessa modificação do complexo de Édipo, ele passou o período de latência, que se manteve isento de perturbações chamativas. Ele se tornou um menino-modelo e teve sucesso na escola.

Até este ponto, acompanhamos o efeito imediato do trauma e confirmamos o fato da latência.

O começo da puberdade trouxe a neurose manifesta e revelou seu segundo sintoma principal, a impotência sexual. Ele tinha perdido a sensibilidade de seu membro, não tentava tocá-lo e não ousava se aproximar com propósitos sexuais de mulher alguma. Sua atividade sexual se manteve limitada ao onanismo psíquico com fantasias sadomasoquistas, nas quais não é difícil reconhecer os prolongamentos daquelas observações precoces do coito dos pais. O surto de masculinidade reforçada que a puberdade implica foi empregado no ódio furioso ao pai e na rebelião contra ele. Essa relação extrema com o pai, impiedosa até a autodestruição, também foi a culpada por seu fracasso na vida e seus conflitos com o mundo externo. Ele não podia conseguir nada em sua profissão porque foi o pai que o forçou a segui-la. Tampouco fazia amigos e nunca mantinha boas relações com seus superiores.

Quando, acometido por esses sintomas e incapacidades, finalmente encontrou uma mulher depois da morte do pai, apareceram-lhe, como núcleo de seu ser, traços de caráter que transformaram a relação com ele numa tarefa difícil para todas as pessoas próximas. Desenvolveu uma personalidade absolutamente egoísta, despótica e brutal, que tinha a necessidade manifesta de oprimir e de magoar os outros. Era a cópia fiel do pai, tal como a imagem deste tinha se moldado em sua memória, ou seja, um renascimento da identificação com o pai em que num dado momento o menininho entrou por motivos sexuais. Nesta parte, reconhecemos o *retorno* do recalcado, que, ao lado dos efeitos imediatos do trauma e do fenômeno da latência, descrevemos entre os traços essenciais de uma neurose.

D. Aplicação

Trauma precoce – defesa – latência – irrupção da doença neurótica – retorno parcial do recalcado: essa foi a fórmula que estabelecemos para o desenvolvimento de uma neurose. Agora o leitor é convidado a dar o passo que leva à hipótese de que na vida da espécie humana ocorreu algo semelhante ao que acontece na dos indivíduos. Ou seja, de que também nela houve acontecimentos de conteúdo agressivo-sexual que deixaram consequências permanentes, mas que na maioria dos casos foram rechaçados, esquecidos, e mais tarde, após longa latência, entraram em ação e produziram fenômenos semelhantes a sintomas em sua estrutura e tendência.

Acreditamos poder descobrir esses acontecimentos e queremos mostrar que suas consequências semelhantes a sintomas são os fenômenos religiosos. Visto que desde o surgimento da ideia de evolução não se pode mais duvidar que o gênero humano tem uma pré-história, e visto que esta é desconhecida, isto é, esquecida, tal conclusão tem quase o peso de um postulado. Quando ficamos sabendo que tanto num caso quanto noutro os traumas eficientes e esquecidos se relacionam com a vida na família humana, saudaremos esse fato como um acréscimo altamente oportuno, não previsto e não exigido pelas discussões que fizemos até agora.

Já apresentei essas hipóteses há um quarto de século em meu livro *Totem e tabu* (1912-1913), e aqui só preciso repeti-las. A construção parte de uma indicação de Darwin e inclui uma conjectura de Atkinson. Ela declara que nos tempos primitivos o homem primitivo vivia em pequenas hordas, cada uma delas sob o comando de um macho forte. O momento não é suscetível de indicação, o nexo com as épocas geológicas que conhecemos não foi obtido, e é provável que esse ser humano ainda não tivesse avançado muito no desenvolvimento da linguagem. Uma parte essencial da construção é a hipótese de que os destinos que cabe descrever atingiram todos os homens primitivos, ou seja, todos os nossos ancestrais.

A história será contada numa imensa condensação, como se tivesse acontecido uma única vez aquilo que na realidade se estendeu por milênios e nesse longo período se repetiu incontáveis vezes. O macho forte era senhor e pai de toda a horda, e ilimitado em seu poder, que usava com violência. Todas as fêmeas eram propriedade sua, tanto as mulheres e filhas da própria horda como talvez também aquelas raptadas de outras hordas. O destino dos filhos era duro; quando provocavam o ciúme do pai, eram mortos ou castrados ou expulsos. Eles eram obrigados a conviver em pequenas comunidades e arranjar mulheres por meio de rapto, no que um ou outro podia ser bem-sucedido em se elevar a uma posição semelhante à do pai na horda primitiva. Por razões naturais, uma posição excepcional estava reservada aos filhos mais novos, que, protegidos pelo amor das mães, podiam tirar vantagem do envelhecimento do pai e substituí-lo após sua morte. Em lendas e contos de fadas se acredita reconhecer ecos tanto da expulsão dos filhos mais velhos quanto do favoritismo dos mais novos.

O seguinte e decisivo passo para modificar essa primeira espécie de organização "social" teria sido que os irmãos expulsos, que viviam em comunidade, se reuniram, subjugaram o pai e, conforme o costume daqueles tempos, o devoraram cru. Não é preciso se escandalizar com esse canibalismo; ele se estende longamente pelas épocas posteriores. O essencial, porém, é que atribuímos a esses homens primitivos as mesmas atitudes emocionais que podemos constatar mediante investigação analítica nos primitivos do presente, os nossos filhos. Ou seja, que não só odiavam e temiam o pai, mas também o veneravam como modelo, e que cada um deles na realidade queria se colocar em seu lugar. O ato canibalístico se torna então compreensível como tentativa de se assegurar da identificação com ele por meio da incorporação de uma parte sua.

Cabe supor que depois do parricídio se seguiu um longo período em que os irmãos lutaram uns com os outros pela herança paterna, que cada um deles queria obter só para si. A compreensão dos perigos e do insucesso dessas lutas, a lembrança do feito libertador realizado em comum e as ligações emocionais recíprocas que tinham surgido durante os tempos da expulsão levaram finalmente a um acordo entre eles, uma espécie de contrato social. Surgiu a primeira forma de organização social com *renúncia aos impulsos*, reconhecimento de *obrigações* mútuas e estabelecimento de determinadas *instituições*, declaradas invioláveis (sagradas); ou seja, os primórdios da moral e do direito. Cada indivíduo renunciava ao ideal de obter para si a posição do pai – renunciava à posse da mãe e das irmãs. Com isso estavam estabelecidos o *tabu do incesto* e o mandamento da *exogamia*. Uma boa parte da plenitude de poderes liberada pela eliminação do pai passou às mulheres; veio a época do *matriarcado*. A lembrança do pai continuou viva nesse período da "aliança de irmãos". Um animal forte, talvez de início também temido, foi escolhido para substituto do pai. Semelhante escolha pode nos parecer estranha, mas o abismo que o ser humano estabeleceu mais tarde entre si e o animal não existia para os primitivos e tampouco existe entre nossas crianças, cujas zoofobias pudemos compreender como medo do pai. Na relação com o animal totêmico se conservou plenamente o caráter contraditório original (ambivalência) da relação emocional com o pai. Por um lado, o totem era considerado o ancestral consanguíneo e o espírito protetor do clã, e tinha de ser venerado e poupado; por outro, foi instituído um dia festivo em que lhe davam o destino que o pai primordial tinha encontrado. Ele era abatido e consumido em comum por todos os membros (refeição totêmica, segundo Robertson Smith). Esse grande dia festivo era na realidade uma celebração triunfal da vitória dos filhos aliados sobre o pai.

Onde fica a religião nesse contexto? Penso que temos o pleno direito de reconhecer no totemismo, com sua adoração de um substituto do pai, a ambivalência testemunhada pela refeição totêmica, a instituição de comemorações e de proibições cuja transgressão é punida com a morte – estamos autorizados a reconhecer no totemismo, eu dizia, a primeira manifestação da religião na história humana, e confirmar sua ligação, existente desde início, com configurações sociais e obrigações morais. Podemos tratar aqui dos desenvolvimentos posteriores da religião apenas numa brevíssima sinopse. Eles sem dúvida andam em paralelo com os progressos culturais do gênero humano e as modificações na estrutura das comunidades humanas.

O progresso que se segue ao totemismo é a humanização do ser adorado. O lugar dos animais é ocupado por deuses humanos, cuja origem totêmica não é disfarçada. Ou o deus ainda recebe a forma de animal ou pelo menos o rosto de um, ou o totem se torna o acompanhante predileto do deus, inseparável dele, ou a lenda faz o deus abater precisamente esse animal, que, no entanto, era apenas seu estágio preliminar. Num ponto desse desenvolvimento que não é fácil determinar, surgem grandes divindades maternas, provavelmente ainda antes dos deuses masculinos, divindades que se mantêm por longo tempo ao lado destes. No meio-tempo, se consumou uma grande revolução social. O direito materno foi substituído por uma ordem patriarcal restaurada. Os novos pais, porém, jamais alcançaram a onipotência do pai primordial; eles eram muitos, convivendo em associações maiores do que havia sido a horda, tinham de se entender bem e permaneciam limitados por normas sociais. É provável que as divindades maternas tenham surgido na época da restrição do matriarcado, como compensação para as mães preteridas. As divindades masculinas aparecem de início como filhos ao lado das grandes mães e apenas mais tarde assumem nitidamente os traços de figuras paternas. Esses deuses masculinos do politeísmo refletem as condições da época patriarcal. Eles são numerosos, se limitam uns aos outros e ocasionalmente se subordinam a um deus-mor superior. Mas o próximo passo leva ao tema que aqui nos ocupa, ao retorno do deus-pai, uno, único e que domina sem restrições.

É preciso admitir que esse panorama histórico é lacunar e, em muitos pontos, incerto. Mas quem quisesse declarar que nossa construção da pré-história é algo meramente fantástico subestimaria de maneira grave a riqueza e a força probatória do material que nela entrou. Grandes parcelas de passado que aqui são juntadas num todo foram historicamente comprovadas, como o totemismo e as alianças masculinas. Outras coisas se conservaram em réplicas excelentes. Assim, vários foram os autores surpreendidos pela fidelidade com que o rito da comunhão cristã, em que o crente incorpora de forma simbólica o sangue e a carne de seu deus, repete o sentido e o conteúdo da antiga refeição totêmica. Numerosos remanescentes da pré-história esquecida se conservaram nas lendas e nos contos de fadas dos povos, e, com abundância inesperada, o estudo analítico da vida psíquica infantil forneceu material para preencher as lacunas de nosso conhecimento dos tempos primitivos. Como contribuições à compreensão da tão significativa relação com o pai, apenas preciso mencionar as zoofobias, o temor – que parece tão estranho – de ser devorado pelo pai e a extraordinária intensidade do medo da castração. Não há nada em nossa construção que tenha sido livremente inventado, nada que não possa se apoiar em bons fundamentos.

Caso se aceite nossa exposição da pré-história como digna de crédito em seu todo, se reconhecerão duas espécies de elementos nas doutrinas e nos ritos religiosos: por um lado, fixações na antiga história familiar e remanescentes da mesma; por outro, restaurações do que passou, retornos do esquecido após longos intervalos. Esta última parte é aquela que, até agora omitida e por isso não compreendida, deverá ser demonstrada aqui por meio de pelo menos um exemplo impressionante.

É digno de destaque especial que cada parcela que retorna do esquecimento se impõe com um poder peculiar, exerce uma influência incomparavelmente forte sobre as massas humanas e reivindica a verdade de maneira irresistível, reivindicação frente à qual a objeção lógica não tem poder. À maneira do *credo quia absurdum*.[10] Esse caráter notável só se deixa compreender segundo o modelo do delírio dos psicóticos. Compreendemos há muito tempo que na ideia delirante se encontra um fragmento de verdade esquecida que, por ocasião de seu retorno, teve de admitir distorções e mal-entendidos, e que a convicção compulsiva que se estabelece quanto ao delírio parte desse núcleo de verdade e se estende aos erros que o envolvem. Um tal conteúdo de verdade, que cabe chamar de *histórica*, também temos de conceder aos artigos de fé das religiões, que, é verdade, apresentam o caráter de sintomas

10. "Creio porque é absurdo." Dito famoso que provavelmente se origina de um trecho de Tertuliano (*De carne Christi*, 5), em que consta *Credibile quia ineptum est*, "crível porque é ilógico". (N.T.)

psicóticos, mas, na condição de fenômenos de massa, escapam à maldição do isolamento.

Nenhuma outra parte da história da religião se tornou tão transparente para nós quanto o estabelecimento do monoteísmo no judaísmo e sua continuação no cristianismo, se deixarmos de lado o desenvolvimento, igualmente compreensível na íntegra, do totem animal até o deus humano com seu acompanhante regular. (Cada um dos quatro evangelistas cristãos ainda tem seu animal predileto.) Se admitirmos provisoriamente o domínio mundial faraônico como o motivo para o surgimento da ideia monoteísta, veremos que esta, separada de seu solo e transmitida a outro povo, toma posse desse povo depois de um longo período de latência, é guardada por ele como seu patrimônio mais precioso e então, por sua parte, mantém o povo vivo ao lhe presentear com o orgulho de ser o escolhido. É a religião do pai primordial, à qual se liga a esperança de recompensa, distinção e, por fim, domínio do mundo. Esta última fantasia de desejo, abandonada pelo povo judeu há muito tempo, ainda sobrevive hoje entre seus inimigos na crença na conspiração dos "sábios de Sião". Reservamos para uma seção posterior a exposição de como as características especiais da religião monoteísta emprestada do Egito tiveram de agir sobre o povo judeu e moldar seu caráter a longo prazo por meio da recusa da magia e do misticismo, do estímulo a progressos na espiritualidade e da exortação a sublimações; como o povo, arrebatado pela posse da verdade, subjugado pela consciência de ser o escolhido, chegou à alta estima daquilo que é intelectual e à acentuação do ético, e como os tristes destinos desse povo, as desilusões reais, puderam reforçar todas essas tendências. Por agora, queremos acompanhar o desenvolvimento em outra direção.

A reintegração do pai primordial em seus direitos históricos foi um grande progresso, mas não podia ser o fim. As outras partes da tragédia pré-histórica também exigiam reconhecimento. Não é fácil descobrir o que colocou esse processo em movimento. Parece que uma crescente consciência de culpa se apoderou do povo judeu, e talvez de todo o mundo cultural da época, como precursora do retorno do conteúdo recalcado. Até que alguém desse povo judeu, na justificação de um agitador político-religioso, encontrou o pretexto com o qual uma nova religião, a cristã, se separou do judaísmo. Paulo, um judeu romano de Tarso, tomou essa consciência de culpa e a remontou corretamente à sua fonte pré-histórica. Ele chamou essa fonte de "pecado original"; era um crime contra Deus que só podia ser expiado por meio da morte. Com o pecado original, a morte havia chegado ao mundo. Na realidade, esse crime digno de morte havia sido o assassinato do pai primordial mais tarde endeusado. Mas não se recordou o assassinato, e sim, em seu lugar, se fantasiou sua expiação, e por isso essa fantasia pôde ser saudada como mensagem redentora (*evangelho*). Um filho de Deus se deixou matar como inocente e com isso tomou sobre si a culpa de todos. Tinha de ser um filho, pois afinal havia sido o assassinato do pai. É provável que tradições de mistérios orientais e gregos tenham influenciado o desenvolvimento da fantasia redentora. O essencial dela parece ter sido contribuição do próprio Paulo. Ele era um homem de aptidão religiosa no mais autêntico sentido; os traços obscuros do passado espreitavam em sua alma, prontos a irromper em regiões mais conscientes.

O fato de o redentor ter se sacrificado sendo inocente era uma distorção evidentemente tendenciosa que causava dificuldades à compreensão lógica, pois de que forma alguém que era inocente do assassinato poderia tomar sobre si a culpa dos assassinos ao deixar matar a si próprio? Na realidade histórica não existia tal contradição. O "redentor" não podia ser outro senão o principal culpado, o chefe do bando de irmãos que tinha subjugado o pai.

Se existiu ou não tal rebelde principal e chefe é algo que a meu entender temos de deixar em aberto. É perfeitamente possível que sim, mas também temos de considerar que cada indivíduo do bando de irmãos certamente tinha o desejo de cometer o ato por conta própria e obter assim uma posição de exceção e um substituto para a identificação com o pai, à qual cabia renunciar e que submergia na comunidade. Se não existiu tal chefe, Cristo é o herdeiro de uma fantasia de desejo que permaneceu irrealizada, e, se existiu, ele é seu sucessor e sua reencarnação. Porém, pouco importando se o que temos aqui é uma fantasia ou o retorno de uma realidade esquecida, podemos, em todo caso, encontrar neste ponto a origem da ideia de herói, do herói que, afinal, sempre se rebela contra o pai e o mata sob uma forma qualquer.[11] E também a fundamentação real da "culpa trágica" do herói no drama, de outra maneira difícil de demonstrar. Mal se pode duvidar que o herói e o coro no drama grego representem esse mesmo herói rebelde e o bando de irmãos, e não é insignificante que o teatro recomece na Idade Média com a encenação da Paixão.

Já dissemos que a cerimônia cristã da sagrada comunhão, em que o crente incorpora o sangue e a carne do Salvador, repete o conteúdo da antiga refeição totêmica, mas apenas em seu sentido terno, que exprime adoração, e não em seu sentido agressivo. Porém, a ambivalência que domina a relação com o pai se mostrou claramente no resultado final da inovação religiosa. Supostamente destinada ao apaziguamento do deus paterno, terminou com seu destronamento e sua eliminação. O judaísmo havia sido uma religião do pai, e o cristianismo se tornou uma religião do filho. O antigo Deus-Pai passou ao segundo plano

11. Ernest Jones chama a atenção para o fato de que o deus Mitra, que mata o touro, poderia representar esse chefe que se vangloria de seu feito. Sabe-se por quanto tempo o culto de Mitra lutou com o jovem cristianismo pela vitória final.

por trás de Cristo, e Cristo, o filho, tomou seu lugar, exatamente como naqueles tempos primitivos cada filho havia ansiado. Paulo, o continuador do judaísmo, também se tornou seu destruidor. Ele deveu seu sucesso, em primeiro lugar, certamente ao fato de conjurar a consciência de culpa da humanidade por meio da ideia de redenção, mas, além disso, também à circunstância de que renunciou à condição de escolhido ostentada por seu povo e ao seu sinal visível, a circuncisão, de maneira que a nova religião pudesse se tornar universal, abarcando todos os seres humanos. Ainda que nesse passo de Paulo também tenha tomado parte sua sede pessoal de vingança devido ao antagonismo que sua inovação encontrou nos círculos judaicos, restabelecia-se com isso uma característica da antiga religião de Aton, eliminava-se uma limitação que ela tinha adquirido na transição a um novo portador, o povo judeu.

Sob alguns aspectos, a nova religião significava uma regressão cultural comparada à antiga, a judaica, como afinal geralmente é o caso quando novas massas humanas de nível inferior entram à força ou são admitidas. A religião cristã não conservou a altura da espiritualização à qual o judaísmo tinha se elevado. Ela não era mais estritamente monoteísta, tomou numerosos ritos simbólicos dos povos circundantes, restabeleceu a grande divindade materna e encontrou lugar para acomodar muitos deuses do politeísmo num disfarce transparente, ainda que em posições subordinadas. Sobretudo, ela não se fechou, como a religião de Aton e a mosaica que a sucedeu, à entrada de elementos supersticiosos, mágicos e místicos, que deveriam significar um grave obstáculo ao desenvolvimento espiritual dos dois milênios seguintes.

O triunfo do cristianismo foi uma vitória renovada dos sacerdotes de Amon sobre o deus de Ikhnaton depois de um intervalo de um milênio e meio, e num cenário ampliado. E, no entanto, do ponto de vista da história da religião, isto é, com relação ao retorno do recalcado, o cristianismo foi um progresso, e a religião judaica, a partir daí, foi em certa medida um fóssil.

Valeria a pena compreender como se deu que a ideia monoteísta pudesse causar uma impressão tão profunda precisamente sobre o povo judeu e ser por ele conservada de maneira tão tenaz. Acredito que essa pergunta possa ser respondida. O destino havia aproximado do povo judeu a proeza e a atrocidade da época pré-histórica, o parricídio, ao levar esse povo a repeti-lo na pessoa de Moisés, uma destacada figura paterna. Foi um caso de "agir" em vez de recordar, como ocorre tantas vezes com o neurótico durante o trabalho analítico. Porém, à incitação a recordar, que a doutrina de Moisés lhes trouxera, eles reagiram com o desmentido de sua ação, se detiveram no reconhecimento do grande pai e assim bloquearam a si próprios o acesso ao ponto a que mais tarde Paulo deveria ligar a continuação da pré-história. Dificilmente será indiferente ou casual que a morte violenta de outro grande homem também se tornasse o ponto de partida para a nova criação religiosa de Paulo. Um homem que um pequeno número de discípulos na Judeia tomava pelo filho de Deus e pelo Messias anunciado, a quem mais tarde também passou uma parte da história de infância inventada para Moisés, mas de quem, na realidade, mal sabemos mais coisas ao certo do que sobre o próprio Moisés; um homem de quem não sabemos se realmente foi o grande mestre que os Evangelhos descrevem, ou se não foram antes o fato e as circunstâncias de sua morte que se tornaram decisivos para o significado que sua pessoa adquiriu. Paulo, que se tornou seu apóstolo, não o conheceu pessoalmente.

O assassinato de Moisés por seu povo judeu, reconhecido por Sellin a partir de seus traços na tradição, e curiosamente também aceito pelo jovem Goethe sem qualquer prova[12], se

12. "Israel no deserto"; vol. 7 da edição de Weimar, p. 170.

torna assim uma parte imprescindível de nossa construção, um elo importante entre o acontecimento esquecido dos tempos primitivos e seu posterior ressurgimento sob a forma das religiões monoteístas.[13] É atraente a conjectura de que o arrependimento pelo assassinato de Moisés deu o estímulo para a fantasia de desejo do Messias que retornaria e traria a seu povo a redenção e o prometido domínio mundial. Se Moisés foi esse primeiro Messias, Cristo se tornou seu substituto e sucessor, e Paulo também pôde clamar aos povos com certa justificação histórica: "Vede, o Messias realmente veio, ele foi assassinado diante de vossos olhos". Então também existe uma parcela de verdade histórica na ressurreição de Cristo, pois ele era o Moisés ressurreto e, por trás dele, o pai primordial da horda primitiva, pai que retornou, transfigurado, e, na condição de filho, tomou o lugar do pai.

O pobre povo judeu, que com habitual obstinação continuou a desmentir o assassinato do pai, pagou caro por isso no decorrer dos tempos. Sem cessar o repreenderiam: "Vocês mataram nosso Deus". E essa censura procede, se traduzida corretamente. Relacionada com a história das religiões, seu texto seria: "Vocês não querem *admitir* que assassinaram Deus" (o modelo de Deus, o pai primordial, e suas posteriores reencarnações). Um complemento deveria enunciar: "Nós sem dúvida fizemos a mesma coisa, mas nós o *confessamos*, e desde então estamos absolvidos". Nem todas as censuras com que o antissemitismo persegue os descendentes do povo judeu podem apelar a uma justificação semelhante. Um fenômeno com a intensidade e a duração do ódio dos povos aos judeus naturalmente tem de ter mais do que apenas uma razão. Pode-se descobrir toda uma série de razões, algumas manifestamente derivadas da realidade e que não necessitam qualquer interpretação, e outras, mais profundas,

13. Ver a propósito desse tema as conhecidas explicações de Frazer, *O ramo dourado*, Parte III, *O deus agonizante*.

oriundas de fontes secretas, que se poderia reconhecer como os motivos específicos. Dentre as primeiras, a censura de forasteirismo é decerto a mais infundada, pois em muitos lugares hoje dominados pelo antissemitismo os judeus pertencem às parcelas mais antigas da população, ou estavam inclusive presentes antes dos moradores atuais. É o caso, por exemplo, da cidade de Colônia, à qual os judeus chegaram com os romanos, antes ainda que ela fosse ocupada por germanos. Outras justificativas do ódio aos judeus são mais fortes, como a circunstância de que na maioria das vezes eles vivem como minorias entre os outros povos, pois o sentimento de comunidade das massas precisa como seu complemento da hostilidade contra uma minoria de fora, e a debilidade numérica desses excluídos convida à sua opressão. Inteiramente imperdoáveis, porém, são duas outras peculiaridades dos judeus. Em primeiro lugar, o fato de que são diferentes em alguns aspectos de seus "povos anfitriões". Não fundamentalmente diferentes, pois não são asiáticos de raça estrangeira, como afirmam os inimigos, mas na maioria das vezes se compõem de restos de povos mediterrâneos e são herdeiros da cultura mediterrânea. Mas eles são diferentes, muitas vezes diferentes de uma maneira indefinível, sobretudo em relação aos povos nórdicos, e a intolerância das massas, notavelmente, se manifesta de maneira mais forte contra pequenas diferenças do que contra diferenças fundamentais. Ainda mais intenso é o efeito do segundo ponto, a saber, o fato de que eles resistem a todas as opressões, de que as mais cruéis perseguições não conseguiram exterminá-los, de que mostram, pelo contrário, a capacidade de se afirmar na vida profissional e, onde são admitidos, fazer contribuições valiosas a todos os feitos culturais.

Os motivos mais profundos do ódio aos judeus lançam raízes em épocas remotíssimas, agindo a partir do inconsciente dos povos, e estou preparado para que de início não pareçam dignos de crédito. Ouso afirmar que o ciúme em relação ao povo que se declarou filho primogênito e favorito de Deus-Pai ainda hoje não foi superado pelos outros, como se tivessem dado crédito a tal pretensão. Além disso, entre os costumes pelos quais os judeus se segregaram, o da circuncisão causou uma impressão desagradável, sinistra, que provavelmente se explica por lembrar a temida castração e tocar assim numa parcela do passado pré-histórico que se prefere esquecer. E, finalmente, o motivo mais recente dessa série: não se deveria esquecer que todos esses povos que hoje se destacam no ódio aos judeus se tornaram cristãos apenas em épocas históricas recentes, muitas vezes impelidos a tal por meio de uma coação sangrenta. Poderíamos dizer que todos eles foram "mal batizados" e que debaixo de um fino verniz de cristianismo permaneceram aquilo que foram seus ancestrais, que cultivavam um politeísmo bárbaro. Eles não superaram seu rancor contra a nova religião que lhes foi imposta, mas o deslocaram à fonte da qual o cristianismo lhes chegou. O fato de os Evangelhos narrarem uma história que se passa entre judeus e que na verdade trata apenas de judeus lhes facilitou semelhante deslocamento. Seu ódio aos judeus é no fundo ódio aos cristãos, e não é preciso se admirar que na revolução nacional-socialista alemã essa íntima relação entre as duas religiões monoteístas encontre uma expressão tão nítida no tratamento hostil dispensado a ambas.

E. Dificuldades

Talvez tenhamos sido bem-sucedidos no que precede em estabelecer a analogia entre os processos neuróticos e os acontecimentos religiosos, indicando assim a origem insuspeitada dos últimos. Nessa transferência da psicologia individual à psicologia das massas, destacam-se duas dificuldades de natureza e mérito distintos, às quais agora temos de nos voltar. A primeira é que tratamos aqui de apenas um caso da abundante fenomenologia das religiões e não lançamos qualquer luz sobre os demais. Com pesar, o autor tem de admitir que não pode dar mais do que essa única amostra e que seu conhecimento especializado não é suficiente para completar a investigação. A partir de seus conhecimentos limitados, ele talvez ainda possa acrescentar que o caso da fundação da religião maometana lhe parece uma repetição abreviada da judaica, como imitação da qual ela surgiu. Parece que originalmente o profeta tinha a intenção de adotar o judaísmo de maneira plena para si e para seu povo. A reconquista do único e grande pai primordial produziu entre os árabes um extraordinário aumento da autoconfiança, que levou a grandes sucessos mundanos, mas que neles também se esgotou. Alá se mostrou muito mais grato em relação ao seu povo escolhido do que Jeová, em seu tempo, em relação ao seu. Mas o desenvolvimento interno da nova religião logo cessou, talvez porque faltasse o aprofundamento que, no caso judaico, fora causado pelo assassinato do fundador da religião. As religiões aparentemente racionalistas do oriente são, segundo seu núcleo, um culto dos ancestrais, também se detendo, portanto, num estágio anterior da reconstrução do passado. Se for correto que o reconhecimento de um ser supremo é o único conteúdo encontrado na religião dos povos primitivos da atualidade, só se pode compreender isso como uma atrofia do desenvolvimento religioso e relacioná-lo aos inúmeros casos de neuroses rudimentares que se constata naquele outro campo. Por que as coisas não avançaram aqui nem lá é algo que não compreendemos em nenhum dos dois casos. Temos de pensar em responsabilizar por isso a aptidão individual desses povos, a direção de sua atividade e suas condições sociais gerais. De resto, constitui uma boa regra do trabalho analítico se satisfazer com a explicação do existente, não se esforçado por explicar o que não se realizou.

A segunda dificuldade nessa transferência para a psicologia das massas é muito mais significativa, porque levanta um novo problema de natureza fundamental. Coloca-se a questão de saber sob que forma a tradição eficaz se encontra na vida dos povos, uma questão que não surge no caso do indivíduo, pois nele é resolvida pela existência de traços mnêmicos do passado no inconsciente. Voltemos ao nosso exemplo histórico. Fundamos o compromisso de Cades na permanência de uma tradição poderosa entre aqueles que tinham retornado do Egito. Esse caso não oculta nenhum problema. Segundo nossa hipótese, tal tradição se apoiava na lembrança consciente de comunicações orais que as pessoas que viviam naquela época tinham recebido de seus antepassados, apenas duas ou três gerações atrás, e os últimos haviam sido participantes e testemunhas oculares dos acontecimentos em questão. Mas podemos acreditar na mesma coisa com relação aos séculos posteriores, isto é, que a tradição sempre tinha por fundamento um saber comunicado de maneira normal, transmitido de avô para neto? Não é mais possível indicar, como no caso anterior, quais foram as pessoas que conservaram tal saber e o propagaram oralmente. Conforme Sellin, a tradição do assassinato de Moisés sempre existiu nos círculos sacerdotais, até que finalmente encontrou sua expressão escrita, a única que tornou possível para Sellin descobri-la. Mas ela só pode ter sido conhecida por poucos, não era um bem do povo. E isso basta para explicar seu efeito? Pode-se atribuir a tal saber de poucos o poder de abalar as massas de maneira tão duradoura quando chega ao seu conhecimento? Parece, antes, que também na massa ignorante teria de existir algo aparentado de alguma maneira com o saber dos poucos e que vem a seu encontro quando expresso.

A apreciação se torna ainda mais difícil quando nos voltamos para o caso análogo dos tempos primitivos. No decorrer dos milênios com toda certeza se esqueceu a existência de um pai primordial com as características conhecidas e o destino que o atingiu, e tampouco podemos supor qualquer tradição oral a respeito como no caso de Moisés. Em que sentido, portanto, uma tradição entra afinal em questão? Sob que forma ela poderia ter existido?

Para facilitar as coisas aos leitores que não estão dispostos ou não estão preparados para se aprofundar em complexos fatos psicológicos, anteciparei o resultado da investigação que segue. Acredito que a correspondência entre o indivíduo e a massa é quase completa neste ponto; também nas massas a impressão do passado se conserva em traços mnêmicos inconscientes.

No caso do indivíduo, acreditamos ver claramente. O traço mnêmico das experiências precoces se conservou nele, só que num estado psicológico especial. Pode-se dizer que o indivíduo sempre soube dele, assim como se sabe acerca do recalcado. Formamos determinadas ideias, confirmadas sem dificuldade pela análise, sobre como algo pode ser esquecido e reaparecer depois de algum tempo. O esquecido não foi apagado, e sim apenas "recalcado"; seus traços mnêmicos estão disponíveis em todo seu frescor, mas isolados por "contrainvestimentos". Eles não podem entrar em relação com outros processos intelectuais, são inconscientes, inacessíveis à consciência. Também pode acontecer que certas partes do recalcado tenham se esquivado ao processo, permaneçam acessíveis à recordação e surjam ocasionalmente na consciência, mas mesmo então elas se encontram isoladas, como corpos estranhos, sem relação com as outras. As coisas podem ser assim, mas não precisam ser assim; o recalcamento também pode ser completo, e para o que segue queremos nos ater a esse caso.

Esse recalcado mantém seu ímpeto, sua aspiração, de penetrar na consciência. Ele alcança sua meta sob três condições: 1) se a intensidade do contrainvestimento for diminuída por processos patológicos que afetam o outro, o chamado eu, ou por outra divisão das energias de investimento nesse eu, como geralmente acontece no estado de sono; 2) se as parcelas de impulso que aderem ao recalcado experimentam um reforço especial, do que os processos durante a puberdade dão o melhor exemplo; 3) se na experiência recente, num momento qualquer, surgem impressões e vivências que se parecem tanto com o recalcado que são capazes de despertá-lo. Então o recente se reforça por meio da energia latente do recalcado, e o recalcado entra em ação por trás do recente com a ajuda deste. Em nenhum desses três casos o até então recalcado entra na consciência simplesmente, inalterado, mas sempre tem de admitir distorções que testemunham a influência da resistência não inteiramente superada oriunda do contrainvestimento, ou a influência modificadora da experiência recente, ou ambas.

Como característica e apoio para nossa orientação, nos serviu a distinção entre processos psíquicos conscientes e inconscientes. O recalcado é inconsciente. Seria uma simplificação agradável se essa frase também admitisse uma inversão, se, portanto, a diferença entre as qualidades consciente (cs) e inconsciente (ics) coincidisse com a separação: pertencente ao eu e recalcado. O fato de em nossa vida psíquica haver tais coisas isoladas e inconscientes seria novo e bastante importante. Na realidade as coisas são mais complicadas. É correto que tudo o que é recalcado é inconsciente, mas já não é correto que tudo o que pertence ao eu seja consciente. Observamos que a consciência é uma qualidade fugaz que adere a um processo psíquico apenas de maneira passageira. Por isso, para nossos fins, temos de substituir "consciente" por "suscetível de consciência", e chamamos essa qualidade de "pré-consciente" (pcs). Dizemos então de maneira mais correta que o eu é essencialmente pré-consciente (virtualmente consciente), mas que partes do eu são inconscientes.

Esta última constatação nos ensina que as qualidades às quais até agora nos ativemos não bastam para nos orientar na escuridão da vida psíquica. Temos de introduzir outra distinção, que não é mais qualitativa, e sim *tópica*, e, o que lhe confere um valor especial, ao mesmo tempo *genética*. Façamos agora em nossa vida psíquica, que compreendemos como um aparelho composto de várias instâncias, distritos ou províncias, a separação entre uma região que chamamos de *eu* genuíno e outra que chamamos de *isso*. O isso é a mais antiga, e o eu se desenvolveu a partir dele como uma camada cortical por meio da influência do mundo externo. No isso principiam os nossos impulsos originais, e todos os processos no isso transcorrem de maneira inconsciente. O eu corresponde, como já mencionamos, ao âmbito do pré-consciente; ele contém partes que normalmente permanecem inconscientes. Para os processos psíquicos no isso, valem leis de fluxo e de influência mútua inteiramente diferentes daquelas que dominam no eu. Na realidade, foi a descoberta dessas diferenças que nos levou à nossa nova concepção e que a justifica.

Cabe atribuir o *recalcado* ao isso, e ele também se submete aos mecanismos deste; separa-se dele apenas quanto à gênese. A diferenciação se realiza cedo, enquanto o eu se desenvolve a partir do isso. Depois uma parte dos conteúdos do isso é incorporada pelo eu e elevada ao estado pré-consciente; outra parte não é atingida por essa tradução e permanece no isso na condição de inconsciente autêntico. Porém, no transcurso posterior da formação do eu, certas impressões psíquicas e certos processos psíquicos no eu são excluídos por um processo de defesa; o caráter do pré-consciente lhes é subtraído, de maneira que são novamente rebaixados à categoria de componentes do isso. Esse é, portanto, o “recalcado” no isso. Quanto à relação entre as duas províncias psíquicas, supomos, portanto, que por um lado o processo inconsciente no isso é elevado ao nível do pré-consciente e incorporado ao eu, e que, por outro, elementos pré-conscientes no eu podem fazer o caminho inverso e ser reintegrados ao isso. Encontra-se fora de nosso interesse atual o fato de mais tarde se separar no eu um distrito especial, o do "supereu".

Tudo isso pode parecer muito longe de ser simples, mas quando nos familiarizamos com a insólita concepção espacial do aparelho psíquico não podem surgir quaisquer dificuldades especiais para a imaginação. Ainda acrescento a observação de que a tópica psíquica aqui desenvolvida nada tem a ver com a anatomia cerebral, tocando-a na verdade apenas num ponto.[14] O que há de insatisfatório nessa ideia, que percebo tão claramente quanto qualquer outro, resulta de nossa completa ignorância sobre a natureza *dinâmica* dos processos psíquicos. Dizemos a nós mesmos que aquilo que distingue uma representação consciente de uma pré-consciente, e esta de uma inconsciente, não pode ser outra coisa senão uma modificação, talvez também uma outra distribuição da energia psíquica. Falamos de investimentos e de superinvestimentos, mas, indo além disso, nos falta todo conhecimento e inclusive todo ponto de partida para uma hipótese de trabalho aproveitável. Sobre o fenômeno da consciência, ainda podemos declarar que depende originalmente da percepção. Todas as sensações que surgem pela percepção de estímulos dolorosos, táteis, auditivos ou visuais são antes de mais nada conscientes. Os processos de pensamento e o que lhes possa ser análogo no isso são em si mesmos inconscientes e obtêm o acesso à consciência por meio de ligação com restos mnêmicos de percepções da visão e da audição pela via da função da fala.

---

14. Esse ponto é o sistema perceptivo, o que Freud expõe em *Além do princípio de prazer* e *O eu e o isso*, conforme observação dos editores da *Freud-Studienausgabe*. (N.T.)

No animal, ao qual falta a linguagem, essa situação tem de ser mais simples.

As impressões dos traumas precoces, das quais partimos, ou não são traduzidas para o pré-consciente ou são logo reintegradas por meio do recalcamento ao estado de isso. Seus restos mnêmicos são então inconscientes e atuam a partir do isso. Acreditamos poder acompanhar bem seu destino posterior na medida em que tais impressões tratem de algo que a própria pessoa experimentou. Porém, acrescenta-se uma nova complicação se atentarmos à probabilidade de que na vida psíquica do indivíduo possam agir não apenas conteúdos que ele próprio experimentou, mas também conteúdos trazidos com o nascimento, fragmentos de origem filogenética, uma *herança arcaica*. Surgem então as questões de saber em que ela consiste, o que ela contém e quais são suas provas.

A resposta mais imediata e mais segura é que ela consiste em determinadas disposições, como as que são próprias a todos os seres vivos. Ou seja, na faculdade e na tendência a tomar determinadas direções de desenvolvimento e a reagir a certas excitações, impressões e estímulos de uma maneira específica. Visto que a experiência mostra que nos indivíduos da espécie humana ocorrem diferenças nesse aspecto, a herança arcaica inclui essas diferenças; elas formam aquilo que se reconhece como o fator *constitucional* no indivíduo. Visto que todos os seres humanos, pelo menos em seu primeiro período, experimentam mais ou menos o mesmo, também reagem a isso de maneira similar, e poderia surgir a dúvida sobre se não se deveria atribuir essas reações, junto com suas diferenças individuais, à herança arcaica. Cabe repelir essa dúvida; nosso conhecimento da herança arcaica não é enriquecido pela existência dessa similaridade.

Entretanto, a investigação analítica trouxe alguns resultados que nos dão o que pensar. Aí está, em primeiro lugar, a universalidade do simbolismo linguístico. A substituição simbólica de um objeto por outro – o mesmo é o caso quando se trata de ações – é usual para todas as nossas crianças, e como que óbvia. Não podemos investigar como foi que o aprenderam, e em muitos casos temos de confessar que um aprendizado é impossível. Trata-se de um saber originário, que o adulto mais tarde esqueceu. É verdade que ele emprega os mesmos símbolos em seus sonhos, mas não os compreende se o analista não os interpreta para ele, e mesmo então reluta em dar crédito à tradução. Quando ele se serviu de uma das expressões idiomáticas tão frequentes em que esse simbolismo se encontra fixado, tem de confessar que seu sentido genuíno lhe escapou inteiramente. O simbolismo também ultrapassa as diferenças entre as línguas; investigações provavelmente mostrariam que ele é ubíquo, o mesmo em todos os povos. Aqui parece existir, portanto, um caso assegurado de herança arcaica proveniente dos tempos do desenvolvimento da linguagem, mas ainda se poderia tentar outra explicação. Alguém poderia dizer que se trata de relações de pensamento entre representações, relações que se estabeleceram durante o desenvolvimento histórico da linguagem e que precisam se repetir quando se passa individualmente por um desenvolvimento da linguagem. Seria então um caso de transmissão hereditária de uma disposição de pensamento, como normalmente ocorre com uma disposição de impulsos, e mais uma vez isso não seria uma contribuição nova ao nosso problema.

Mas o trabalho analítico também revelou outras coisas cujo alcance ultrapassa o que vimos até aqui. Quando estudamos as reações aos traumas precoces, com bastante frequência nos surpreendemos por descobrir que elas não se atêm de maneira estrita ao que a própria pessoa realmente experimentou, mas dele se afastam de um modo que se ajusta muito melhor ao modelo de um acontecimento filogenético e, de maneira geral, só pode ser explicado por sua influência. O comportamento da criança neurótica em relação a seus pais nos complexos de Édipo e de castração é riquíssimo em tais reações, que parecem individualmente injustificadas e apenas se tornam compreensíveis filogeneticamente, pela relação com as experiências de gerações anteriores. Valeria muito a pena apresentar ao público uma coletânea desse material a que posso recorrer aqui. Sua força probatória me parece grande o bastante para que ousemos dar o próximo passo e estabeleçamos a tese de que a herança arcaica do ser humano abrange não apenas disposições, mas também conteúdos, marcas mnêmicas de experiências de gerações anteriores. Com isso, tanto a abrangência quanto o significado da herança arcaica aumentariam de maneira significativa.

Ao refletir mais a fundo, temos de confessar a nós mesmos que há muito tempo nos comportamos como se a transmissão hereditária de marcas mnêmicas de experiências de antepassados, independentemente de comunicação direta e da influência da educação pelo exemplo, estivesse fora de dúvida. Quando falamos da continuidade de uma tradição antiga num povo, da formação de um caráter popular, tínhamos em mente na maioria das vezes tal tradição herdada, e não uma tradição propagada por comunicação. Ou, pelo menos, não fizemos distinção entre ambas e não esclarecemos a nós mesmos que ousadia cometemos por tal negligência. Nossa situação, porém, é dificultada pela orientação atual da ciência biológica, que nada quer saber da transmissão de características adquiridas aos descendentes. Mas, com toda modéstia, confessamos que apesar disso não podemos prescindir desse fator no desenvolvimento biológico. É verdade que não se trata da mesma coisa nos dois casos: num deles, se trata de características adquiridas que são difíceis de apreender; no outro, de marcas mnêmicas de impressões exteriores, algo por assim dizer palpável. Mas é possível que no fundo não possamos imaginar uma coisa sem a outra. Se aceitarmos a continuidade de tais marcas mnêmicas na herança arcaica, lançamos uma ponte sobre o abismo entre a psicologia individual e a psicologia das massas, e podemos tratar os povos como os neuróticos individuais. Mesmo admitindo que atualmente não temos a favor das marcas mnêmicas na herança arcaica qualquer prova mais forte do que aqueles fenômenos residuais do trabalho analítico, que exigem uma derivação a partir da filogênese, essa prova nos parece forte o bastante para se postular tal estado de coisas. Se as coisas forem diferentes, pelo caminho que tomamos não daríamos mais um passo sequer nem na análise nem na psicologia das massas. É uma ousadia inevitável.

Com isso também fazemos outra coisa. Diminuímos o abismo grande demais que a arrogância humana de épocas anteriores abriu entre o ser humano e o animal. Se os chamados instintos dos animais, que lhes permitem se comportar desde o início numa nova situação vital como se ela fosse uma situação antiga, há muito conhecida, se essa vida instintiva dos animais admite mesmo uma explicação, só pode ser a de que trazem as experiências de sua espécie para a nova e própria existência, ou seja, que conservaram em si as lembranças daquilo que seus antepassados experimentaram. No animal humano as coisas não seriam no fundo diferentes. Sua própria herança arcaica corresponde aos instintos dos animais, ainda que tenha outras proporções e outro conteúdo.

Depois dessas discussões, não hesito em declarar que os seres humanos sempre souberam – daquela maneira peculiar – que certa vez possuíram um pai primordial e o assassinaram.

Há duas outras questões a responder aqui. Em primeiro lugar, sob que condições tal lembrança entra na herança arcaica? Em segundo lugar, sob que circunstâncias ela pode se tornar ativa, isto é, avançar de seu estado inconsciente no isso à consciência, ainda que modificada e distorcida? A resposta à primeira pergunta é fácil de formular: se o acontecimento foi importante o bastante ou se repetiu com bastante frequência, ou ambas as coisas. No caso do parricídio, as duas condições são preenchidas. A propósito da segunda questão, cabe observar: poderão entrar em consideração várias influências, que não precisam ser todas conhecidas; também se pode pensar num transcurso espontâneo, em analogia com o processo que ocorre em algumas neuroses. Mas certamente é de importância decisiva o despertar do traço mnêmico esquecido por meio de uma repetição real recente do acontecimento. Uma repetição desse tipo foi o assassinato de Moisés; mais tarde, o pretenso assassinato jurídico de Cristo, de maneira que esses eventos passam ao primeiro plano da causação. É como se a gênese do monoteísmo não tivesse podido prescindir desses acontecimentos. Somos lembrados das palavras do poeta:

> O que imortal no canto deve viver,
> tem de na vida sucumbir.[15]

Para concluir, uma observação que traz um argumento psicológico. Uma tradição fundada apenas na comunicação não poderia produzir o caráter compulsivo próprio dos fenômenos religiosos. Ela seria ouvida, julgada e eventualmente rejeitada como qualquer outra notícia de fora, e nunca alcançaria o privilégio de se libertar da coação do pensamento lógico. Ela tem de ter passado primeiro pelo destino do recalcamento, pelo estado

15. Schiller, "Os deuses da Grécia".

de permanência no inconsciente, antes que, em seu retorno, possa mostrar efeitos tão poderosos e cativar as massas, como vimos com assombro e até agora sem compreendê-lo na tradição religiosa. E essa ponderação tem grande peso para nos fazer acreditar que as coisas realmente aconteceram assim como nos esforçarmos por descrever, ou pelo menos de maneira parecida.

Segunda parte

Resumo e recapitulação

A parte que segue deste estudo não pode ser trazida a público sem explicações pormenorizadas e desculpas. Pois ela não é senão uma repetição fiel, muitas vezes literal, da primeira parte, abreviada em algumas de suas investigações críticas e aumentada com acréscimos que se referem ao problema de saber como surgiu o caráter específico do povo judeu. Sei que tal modo de exposição é tão contraproducente quanto desprovido de arte. Eu próprio o desaprovo de maneira irrestrita.

Por que não o evitei? Não é difícil para mim encontrar a resposta, mas não é fácil admiti-la. Não fui capaz de apagar os traços da gênese, em todo caso incomum, deste trabalho.

Na realidade, ele foi escrito duas vezes. Pela primeira, há alguns anos em Viena, onde eu não acreditava na possibilidade de publicá-lo. Decidi deixá-lo de lado, mas ele me atormentou como um fantasma não redimido, e encontrei a saída de independentizar duas partes dele e publicá-las em nossa revista *Imago*: o prelúdio psicanalítico do todo ("Moisés, um egípcio") e a construção histórica edificada com base nele ("Se Moisés era um egípcio..."). O resto, que continha o que era propriamente chocante e perigoso – a aplicação à gênese do monoteísmo e a concepção sobre a religião em geral –, eu reservei, como achava, para sempre. Então, em março de 1938, veio a inesperada invasão alemã e me forçou a abandonar a pátria, mas também me libertou da preocupação de causar por meio de minha publicação uma proibição da psicanálise ali onde ela ainda era tolerada. Mal tendo chegado à Inglaterra, achei irresistível a tentação de tornar acessível ao mundo minha sabedoria retida e comecei a reformular a terceira parte do estudo numa sequência às duas já publicadas. Isso naturalmente estava vinculado a uma reordenação parcial do material. Só que não consegui acomodar todo o material nessa segunda redação; por outro lado, não pude me decidir a renunciar inteiramente à primeira, e assim encontrei o expediente de anexar toda uma parte da primeira exposição, inalterada, à segunda, ao que se vinculava a desvantagem de uma extensa repetição.

Bem, eu poderia me consolar com a reflexão de que as coisas de que trato são em todo caso tão novas e tão importantes, sem considerar até que ponto minha exposição delas é correta, que não pode ser uma infelicidade se o público for levado a ler o mesmo duas vezes. Há coisas que devem ser ditas mais de uma vez e que não podem ser ditas vezes o bastante. Mas tem de ser uma livre decisão do leitor deter-se num assunto ou voltar a ele. Não é lícito recorrer à astúcia de lhe apresentar a mesma coisa duas vezes no mesmo livro. Isso é uma inabilidade pela qual se tem de aceitar a censura. Infelizmente, a força criativa de um autor nem sempre obedece à sua vontade; a obra sai como pode e muitas vezes se coloca diante do autor como algo independente, até mesmo estranho.

A. O povo de Israel

Quando se tem clareza sobre o fato de que um procedimento como o nosso, que consiste em tomar do material transmitido o que nos parece útil, rejeitar o que não nos serve e combinar as partes individuais conforme a verossimilhança psicológica – quando se tem clareza sobre o fato de que tal técnica não oferece qualquer segurança para encontrar a verdade, pergunta-se com razão para que afinal empreender um trabalho desses. A resposta apela ao resultado de tal trabalho. Ao reduzir amplamente o rigor das exigências feitas a uma investigação histórico-psicológica, talvez seja possível esclarecer problemas que sempre pareceram dignos de atenção e que em consequência de acontecimentos recentes se impõem novamente ao observador. Sabe-se que, de todos os povos que na Antiguidade habitaram em torno da bacia do Mediterrâneo, o povo judeu é quase o único que ainda subsiste hoje quanto ao nome e provavelmente também à substância. Com uma capacidade de resistência sem precedentes, ele enfrentou desgraças e maus-tratos, desenvolveu traços de caráter especiais e, além disso, conquistou a antipatia sincera de todos os outros povos. Gostaríamos de entender melhor de onde vem essa vitalidade dos judeus e como seu caráter se relaciona com seus destinos.

Pode-se partir de um traço de caráter dos judeus que domina sua relação com os outros. Não há dúvida de que têm uma opinião especialmente elevada de si próprios, julgam-se mais nobres, de mais alto nível, superiores aos outros, dos quais também se separam por muitos de seus costumes.[16] Além disso, são animados por uma especial confiança na vida, tal como a que é conferida pela posse secreta de um bem precioso, uma espécie de otimismo; os devotos o chamariam de confiança em Deus.

Conhecemos a razão desse comportamento e sabemos que tesouro secreto é esse. Eles realmente se consideram o povo escolhido por Deus, acreditam estar especialmente próximos

16. O insulto, tão frequente em tempos antigos, que consistia em chamar os judeus de "leprosos" (ver Maneto [sacerdote e historiógrafo egípcio]), por certo tem o sentido de uma projeção: "Eles se mantêm tão longe de nós como se fôssemos leprosos".

Dele e isso os deixa orgulhosos e confiantes. Segundo notícias de boa fonte, em tempos helenísticos eles já se comportavam como hoje, ou seja, o judeu já estava pronto naquela época, e os gregos, entre os quais e junto aos quais viviam, reagiam à peculiaridade judaica da mesma maneira que os "povos anfitriões" de hoje. Poderíamos dizer que reagiam como se também eles acreditassem na prerrogativa que o povo de Israel reivindicava para si. Quando se é o predileto declarado do pai temido, não é preciso se admirar com o ciúme dos irmãos, e aonde esse ciúme pode levar mostra muito bem a lenda judaica de José e seus irmãos. O transcurso da história mundial pareceu então justificar a presunção judaica, pois quando mais tarde Deus quis enviar à humanidade um Messias e Redentor, Ele novamente o escolheu dentre o povo dos judeus. Os outros povos teriam tido motivo na época para dizer a si mesmos: "Realmente, eles tinham razão, eles são o povo escolhido por Deus". Mas, em vez disso, aconteceu que a salvação por meio de Jesus Cristo apenas lhes trouxe um reforço de seu ódio aos judeus, enquanto os próprios judeus não tiraram nenhum proveito dessa segunda predileção, visto que não reconheceram o Redentor.

Com base em nossas discussões anteriores, podemos afirmar agora que foi o homem Moisés quem imprimiu ao povo judeu esse traço, importante para todo o futuro. Moisés aumentou a autoconfiança do povo por meio da garantia de que eram os escolhidos de Deus, lhes impôs a santidade e os obrigou a se segregarem dos outros. Não que tenha faltado autoconfiança aos outros povos. Exatamente como hoje, também naquela época cada nação se julgava melhor do que todas as outras. Mas a autoconfiança dos judeus experimentou uma ancoragem religiosa por meio de Moisés, se tornou uma parte de sua crença religiosa. Por meio de sua relação especialmente íntima com seu deus, obtiveram uma participação na grandiosidade dele. E como sabemos que por trás do deus que escolheu os judeus e os libertou do Egito se encontra a pessoa de Moisés, que fez precisamente isso, e supostamente por ordem desse deus, ousamos dizer: foi o homem Moisés quem criou os judeus. A ele deve esse povo sua tenacidade, mas também muito da hostilidade que experimentou e ainda experimenta.

B. O grande homem

Como é possível que um único homem mostre uma eficiência tão extraordinária que, a partir de indivíduos e famílias indiferentes, dê forma a um povo, lhe imprima seu caráter definitivo e determine seu destino por milênios? Não seria tal hipótese um retrocesso à maneira de pensar que permitiu o surgimento dos mitos do criador e da adoração dos heróis, a épocas em que a historiografia se esgotava no relato dos feitos e destinos de algumas pessoas, governantes ou conquistadores? A época moderna tende antes a atribuir os acontecimentos da história humana a fatores mais ocultos, universais e impessoais: a influência coercitiva das condições econômicas, a mudança no modo de alimentação, os progressos no uso de materiais e ferramentas, as migrações causadas pelo aumento populacional e por alterações do clima. Não cabe nisso aos indivíduos outro papel senão o de expoentes ou representantes de aspirações de massa que necessariamente tinham de encontrar sua expressão, e que a encontraram mais por acaso nessas pessoas.

Esses pontos de vista são inteiramente justificados, mas nos dão motivo para lembrar uma discordância importante entre a orientação de nosso órgão de pensamento e a organização do mundo que deve ser apreendida por meio de nosso pensar.

À nossa necessidade causal, de fato imperiosa, basta que cada acontecimento tenha *uma* causa demonstrável. Mas na realidade fora de nós isso dificilmente é o caso; cada acontecimento parece antes ser superdeterminado, mostra ser o efeito de várias causas convergentes. Assustada com a complicação inabarcável dos acontecimentos, nossa investigação toma o partido de um nexo contra outro, estabelece oposições que não existem, que apenas surgiram pela ruptura de relações mais abrangentes.[17] Assim, se a investigação de um caso determinado nos mostra a influência preponderante de uma única personalidade, nossa consciência moral não precisa nos acusar de com essa hipótese nos opormos frontalmente à doutrina da importância daqueles fatores universais e impessoais. Em princípio, há espaço para ambas. Quanto à gênese do monoteísmo, porém, não somos capazes de indicar outro fator externo a não ser o já mencionado, a saber, que esse desenvolvimento está ligado ao estabelecimento de relações mais íntimas entre nações diferentes e à construção de um grande império.

Conservamos, portanto, a posição do "grande homem" na cadeia, ou antes, na rede de causas. Mas talvez não seja inteiramente inútil perguntar sob que condições conferimos esse nome honorífico. Ficamos surpreendidos por descobrir que não é lá muito fácil responder a essa pergunta. Uma primeira formulação: "Se um homem possui em grau especialmente elevado as qualidades que estimamos", é manifestamente insuficiente em todos os sentidos. A beleza, por exemplo, e a força muscular, por

17. Protesto, porém, contra o mal-entendido de que estou dizendo que o mundo é tão complicado que qualquer afirmação que se faça tem de acertar em algum ponto uma parcela da verdade. Não, nosso pensamento se reservou a liberdade de encontrar dependências e relações às quais nada corresponde na realidade, e é evidente que tem esse dom em alta conta, já que tanto dentro quanto fora da ciência faz dele um uso tão abundante.

mais invejadas que sejam, não dão qualquer direito à "grandeza". Teriam de ser, portanto, qualidades espirituais, méritos psíquicos e intelectuais. A propósito destes últimos, nos ocorre a consideração de que alguém que fosse um extraordinário conhecedor num campo determinado não seria por isso, sem mais nem menos, chamado de grande homem. Não, com certeza, um mestre do xadrez ou um virtuose de um instrumento musical, mas também dificilmente um artista ou pesquisador destacado. Em tais casos, nos contentamos em dizer que ele é um grande poeta, pintor, matemático ou físico, um pioneiro no campo desta ou daquela atividade, mas nos abstemos de reconhecer que é um grande homem. Se sem hesitar qualificamos Goethe, Leonardo da Vinci e Beethoven, por exemplo, como grandes homens, tem de haver nisso algo mais do que a admiração por suas grandiosas criações. Se precisamente tais exemplos não fossem um obstáculo, é provável que se chegasse à ideia de que a expressão "um grande homem" está reservada de preferência para homens de ação, ou seja, conquistadores, generais e governantes, e se reconheceria a grandeza de suas façanhas, a força do efeito que deles emana. Mas também isso é insatisfatório e é completamente refutado por nossa condenação de tantas pessoas desprezíveis a quem, no entanto, não se pode negar o efeito sobre os contemporâneos e a posteridade. Tampouco se poderá escolher o sucesso como sinal da grandeza quando se pensa no sem-número de grandes homens que em vez de ter sucesso afundaram na desgraça.

Assim, tendemos de maneira provisória à decisão de que não vale a pena buscar um conteúdo inequivocamente determinado do conceito "grande homem". Ele seria apenas um reconhecimento, usado de maneira frouxa e concedido de maneira bastante arbitrária, do desenvolvimento superdimensionado de certas características humanas, numa aproximação razoável do sentido literal primordial de "grandeza". Também podemos nos lembrar de que não nos interessa tanto a essência do grande homem quanto a questão de saber por meio do que ele age sobre seus próximos. Mas abreviaremos essa investigação ao máximo, pois ela ameaça nos desviar muito de nossa meta.

Admitamos, portanto, que o grande homem influencia seus próximos por duas vias: mediante sua personalidade e mediante a ideia pela qual luta. Essa ideia pode acentuar uma antiga formação de desejo das massas ou lhes mostrar uma nova meta de desejo, ou ainda cativá-las de outra maneira. Às vezes – e esse com certeza é o caso mais primordial – a personalidade atua sozinha, e a ideia desempenha um papel totalmente insignificante. Em nenhum momento é obscuro para nós por que o grande homem afinal tinha de adquirir uma importância. Sabemos que na massa de seres humanos existe uma forte necessidade de uma autoridade que possam admirar, diante da qual se curvam, pela qual são comandados e eventualmente até maltratados. A partir da psicologia do indivíduo ficamos sabendo de onde provém essa necessidade da massa. É o anseio pelo pai, inerente a cada pessoa desde a infância, pelo mesmo pai que o herói da lenda se vangloria de ter vencido. E agora talvez comecemos a compreender que todos os traços com que dotamos o grande homem são traços paternos, e que nessa correspondência consiste a essência do grande homem, por nós buscada em vão. A firmeza dos pensamentos, a força da vontade e o ímpeto dos atos fazem parte da imagem paterna, mas sobretudo a autonomia e a independência do grande homem, sua divina despreocupação que pode se elevar até a falta de consideração. Tem-se de admirá-lo, pode-se confiar nele, mas também não se pode evitar temê-lo. Deveríamos nos ter deixado guiar pelo sentido literal; quem outro senão o pai teria sido o "grande homem" na infância?

Não há dúvida de que foi um enérgico modelo paterno que, na pessoa de Moisés, desceu até os pobres escravos judeus para lhes assegurar que eram seus filhos amados. E não menos avassalador deve ter sido sobre eles o efeito da ideia de um deus único, eterno e onipotente, a quem não eram insignificantes demais para que selasse com eles uma aliança e que prometeu cuidar deles se permanecessem fiéis a seu culto. É provável que não lhes tenha sido fácil separar a imagem do homem Moisés da de seu deus, e nisso o vislumbre deles estava certo, pois Moisés pode ter introduzido traços de sua própria pessoa no caráter de seu deus, como a irascibilidade e a implacabilidade. E quando um dia mataram esse seu grande homem, apenas repetiram um crime que nos tempos primitivos tinha se dirigido sob a forma de lei contra o rei divino, e que, como sabemos, remontava a um modelo ainda mais antigo.[18]

Se dessa forma, por um lado, a figura do grande homem cresceu até alturas divinas, por outro lado é tempo de lembrar que também o pai certa vez foi uma criança. A grande ideia religiosa que o homem Moisés defendeu não era, segundo nossas explanações, propriedade sua; ele a tinha tomado de seu rei Ikhnaton. E este, cuja grandeza como fundador de uma religião foi atestada de maneira inequívoca, talvez seguisse incitações que lhe tinham chegado por intermédio de sua mãe ou por outros caminhos (da Ásia mais próxima ou mais distante).

Não podemos acompanhar a cadeia mais longe, mas se estas primeiras partes foram corretamente reconhecidas, então a ideia monoteísta voltou como um bumerangue à sua terra de origem. Assim, parece infrutífero querer determinar a contribuição de um indivíduo a uma nova ideia. É evidente que muitos tomaram parte em seu desenvolvimento e lhe fizeram contribuições. Por outro lado, seria uma óbvia injustiça interromper a cadeia de

18. Ver Frazer, *loc. cit.*

causas em Moisés e negligenciar o que fizeram seus sucessores e continuadores, os profetas judeus. A semente do monoteísmo não germinara no Egito. O mesmo poderia ter acontecido em Israel depois que o povo tinha se livrado dessa religião difícil e exigente. Mas do meio do povo judeu se levantaram repetidamente homens que reavivaram a tradição que empalidecia, renovaram as admoestações e exigências de Moisés, e não descansaram até restaurar o que se perdera. No esforço contínuo de séculos, e finalmente por meio de duas grandes reformas, uma antes e a outra depois do exílio babilônico, se efetuou a metamorfose do deus popular Jeová no deus cuja adoração Moisés tinha imposto aos judeus. E é prova de uma especial aptidão psíquica na massa que tinha se transformado em povo judeu ela ter conseguido produzir tantas pessoas dispostas a tomar sobre si as fadigas da religião de Moisés em troca da recompensa da condição de escolhido e talvez de outros prêmios de categoria semelhante.

C. O progresso na espiritualidade

Para obter efeitos psíquicos duradouros num povo, evidentemente não basta lhe assegurar que foi escolhido pela divindade. Também é preciso lhe provar isso de alguma maneira, se é para ele acreditá-lo e tirar consequências de tal crença. Na religião de Moisés, o êxodo do Egito fazia as vezes dessa prova; Deus, ou Moisés em seu nome, não se cansou de invocar esse testemunho de benevolência. A festa da Páscoa foi instituída para conservar a lembrança desse acontecimento ou, antes, uma festa existente há muito tempo foi preenchida com o conteúdo dessa lembrança. Mas era só uma lembrança; o êxodo pertencia a um nebuloso passado. No presente, os sinais da benevolência divina eram bastante escassos; os destinos do povo apontavam antes para o desagrado de Deus. Os povos primitivos costumavam destituir seus deuses ou mesmo puni-los quando não cumpriam seu dever de lhes conceder vitória, felicidade e bem-estar. Em todas as épocas, os reis não foram tratados de maneira diferente do que os deuses; nisso se mostra uma antiga identidade, a origem a partir de uma raiz comum. Assim, também os povos modernos costumam expulsar seus reis se o brilho de seus reinados é perturbado por derrotas acompanhadas das correspondentes perdas de território e de dinheiro. Mas por que o povo de Israel seguia seu deus de maneira sempre mais submissa quanto pior era por ele tratado, esse é um problema que por enquanto temos de deixar de lado.

Tal problema pode nos dar o estímulo para investigar se a religião de Moisés não trouxe ao povo outra coisa senão a intensificação da autoconfiança por meio da consciência de ser o escolhido. E esse outro fator é realmente fácil de encontrar. A religião também trouxe aos judeus uma ideia de deus muito mais grandiosa, ou, como se poderia dizer de maneira mais prosaica, a ideia de um deus mais grandioso. Quem acreditava nesse deus participava de certa maneira de sua grandeza, podia se sentir elevado. Isso não é inteiramente óbvio para um descrente, mas talvez se possa compreendê-lo mais facilmente pela referência ao sentimento de orgulho de um britânico num país estrangeiro que deixou de ser seguro devido a uma rebelião, sentimento que falta inteiramente ao membro de um pequeno Estado continental qualquer. Pois o britânico conta com o fato de que seu *Government* enviará um navio de guerra se tocarem num fio de cabelo de sua cabeça, e que os rebeldes o sabem muito bem, enquanto o pequeno Estado não possui absolutamente nenhum navio de guerra. Assim, o orgulho da grandeza do *British Empire* também tem uma raiz na consciência de uma maior segurança, da proteção de que goza o indivíduo britânico. Isso pode ser parecido no caso da ideia do deus grandioso, e, como dificilmente se reivindicará o direito de assistir Deus na administração do mundo, o orgulho da grandeza divina conflui com o da condição de escolhido.

Entre as prescrições da religião de Moisés se encontra uma que é mais importante do que de início se percebe. É a proibição de fazer uma imagem de Deus, ou seja, a coação a adorar um deus que não se pode ver. Supomos que nesse ponto Moisés excedeu o rigor da religião de Aton; talvez ele apenas quisesse ser coerente, e seu deus não tinha então um nome nem um rosto, ou talvez fosse uma nova precaução contra abusos mágicos. Mas aceitar essa proibição implicava um efeito profundo. Pois significava uma preterição da percepção sensorial frente a uma representação que cabe chamar de abstrata, um triunfo da espiritualidade sobre a sensualidade; no sentido rigoroso da expressão, uma renúncia aos impulsos com suas consequências psicologicamente necessárias.

Para achar crível o que à primeira vista não parece evidente, temos de nos recordar de outros processos de igual caráter no desenvolvimento da cultura humana. O mais antigo deles, talvez o mais importante, se desvanece na escuridão dos tempos primitivos. Seus efeitos assombrosos nos obrigam a mencioná-lo. Em nossos filhos, nos adultos neuróticos, bem como nos povos primitivos, encontramos o fenômeno psíquico que designamos como a crença na "onipotência dos pensamentos". Conforme nosso juízo, é uma superestimação da influência que nossos atos psíquicos, neste caso os intelectuais, podem exercer na modificação do mundo exterior. No fundo, toda magia, a precursora de nossa técnica, se assenta nesse pressuposto. Toda a magia das palavras também tem lugar aqui, bem como a convicção quanto ao poder vinculado ao conhecimento de um nome e à sua pronúncia. Supomos que a "onipotência dos pensamentos" foi a expressão do orgulho que a humanidade sentiu pelo desenvolvimento da linguagem, que teve por consequência um fomento tão extraordinário das atividades intelectuais. Abriu-se o novo reino da espiritualidade, em que representações, lembranças e processos de raciocínio se tornaram determinantes, em oposição à atividade psíquica inferior, cujo conteúdo eram as percepções imediatas dos órgãos sensoriais. Foi certamente uma das etapas mais importantes no caminho da hominização.

Outro processo de época posterior se apresenta para nós de maneira muito mais palpável. Sob a influência de fatores externos que não precisamos acompanhar aqui, e que em parte também não são suficientemente conhecidos, aconteceu que a ordem social matriarcal foi substituída pela patriarcal, ao que naturalmente estava ligada uma reviravolta das relações jurídicas até então existentes. Acredita-se perceber o eco dessa revolução ainda na *Oréstia*, de Ésquilo. Mas essa mudança da mãe para o pai indica, além disso, uma vitória da espiritualidade sobre a sensualidade, ou seja, um progresso cultural, pois a maternidade é demonstrada pelo testemunho dos sentidos, enquanto a paternidade é uma suposição construída com base numa conclusão e numa premissa. A tomada de partido que eleva o processo de pensamento acima da percepção sensível dá provas de ser um passo com sérias consequências.

Em algum momento entre os dois acontecimentos[19] antes mencionados ocorreu um outro, que mostra o maior parentesco com aquele que investigamos na história da religião. O ser humano se viu levado a reconhecer poderes "espirituais", isto é, tais que não podem ser apreendidos pelos sentidos, especialmente pela visão, mas que no entanto mostram efeitos indubitáveis, até mesmo de força extrema. Se pudermos confiar no testemunho da linguagem, foi o ar em movimento que deu o modelo da espiritualidade, pois o espírito deriva seu nome do sopro do vento (*animus*, *spiritus*, e em hebraico: *ruach*, sopro). Isso também

19. Isto é, entre o desenvolvimento da linguagem e o fim do matriarcado, segundo esclarecem os editores da *Freud-Studienausgabe*. (N.T.)

implicava a descoberta da alma como o princípio espiritual do ser humano individual. A observação também encontrou o ar em movimento na respiração do ser humano, que cessa com a morte; ainda hoje se diz que o moribundo expira. Mas assim o reino dos espíritos estava aberto ao ser humano; ele estava disposto a atribuir a alma que tinha descoberto em si a todas as outras coisas da natureza. O mundo inteiro foi dotado de alma, e a ciência, que veio tanto tempo depois, teve bastante trabalho a fim de livrar dela uma parte do mundo, e ainda hoje não terminou essa tarefa.

Por meio da proibição mosaica, Deus foi elevado a um nível superior de espiritualidade, e foi aberto o caminho para outras modificações da ideia de deus, das quais ainda temos de tratar. Mas primeiro podemos nos ocupar de outro efeito dessa proibição. Todos esses progressos na espiritualidade têm o resultado de aumentar a autoconfiança da pessoa, de deixá-la orgulhosa, de maneira que ela se sente superior a outras que permaneceram sob o fascínio da sensualidade. Sabemos que Moisés tinha transmitido aos judeus o sentimento de orgulho de ser um povo escolhido; pela desmaterialização de Deus, o tesouro secreto do povo recebeu um novo e valioso acréscimo. Os judeus conservaram a orientação no sentido dos interesses espirituais; o infortúnio político da nação os ensinou a apreciar o valor da única posse que lhes restara, sua literatura. Imediatamente após a destruição do templo de Jerusalém por Tito, o rabino Jochanan ben Sakkai solicitou permissão para abrir a primeira escola da Torá em Jabne. Desde então, foram a Sagrada Escritura e o empenho espiritual por ela que mantiveram coeso o povo disperso.

Tudo isso é universalmente conhecido e aceito. Eu só queria acrescentar que esse desenvolvimento característico da essência judaica foi iniciado pela proibição de Moisés de adorar Deus sob uma forma visível.

A precedência que ao longo de mais ou menos dois mil anos foi concedida aos esforços espirituais na vida do povo judeu naturalmente teve seu efeito; ela ajudou a conter a brutalidade e a inclinação à violência que costumam surgir lá onde o desenvolvimento da força muscular é um ideal do povo. A harmonia no cultivo da atividade do espírito e do corpo, como o povo grego a alcançou, foi negada aos judeus. Frente ao dilema, ao menos se decidiram pelo que tinha maior valor.

D. Renúncia aos impulsos

Não é óbvio e não pode ser facilmente compreendido por que um progresso na espiritualidade, uma preterição da sensualidade, haveria de aumentar a autoconfiança de uma pessoa ou de um povo. Isso parece pressupor uma determinada escala de valores e outra pessoa ou instância que a aplique. Para fins de explicação, nos voltamos a um caso análogo da psicologia do indivíduo, caso que conseguimos compreender.

Se num ser humano o isso faz uma exigência impulsional de natureza erótica ou agressiva, o mais simples e mais natural é que o eu, que tem à sua disposição o aparelho intelectual e o muscular, a satisfaça por meio de uma ação. Essa satisfação do impulso será sentida pelo eu como prazer, assim como a insatisfação sem dúvida teria se tornado fonte de desprazer. Ora, pode suceder o caso de o eu se abster da satisfação do impulso por consideração a obstáculos externos, a saber, quando reconhece que a ação em questão produziria um sério perigo para si. Uma tal desistência da satisfação, uma renúncia ao impulso em consequência de um impedimento externo, ou, como dizemos, em obediência ao princípio da realidade, não é de modo algum prazerosa. A renúncia ao impulso teria por consequência uma tensão de desprazer permanente caso não se conseguisse diminuir a própria intensidade do impulso por meio de deslocamentos de energia. Mas a renúncia ao impulso também pode ser obtida à força por outros motivos, que com razão chamamos de *internos*. No decorrer do desenvolvimento individual, parte dos poderes inibidores do mundo externo é interiorizada; forma-se no eu uma instância que observando, criticando e proibindo se contrapõe ao restante. Chamamos essa nova instância de *supereu*. A partir de então, antes de colocar em andamento as satisfações de impulso exigidas pelo isso, o eu não precisa considerar apenas os perigos do mundo externo, mas também os protestos do supereu, e terá tanto mais motivos para se abster da satisfação dos seus impulsos. Porém, enquanto a renúncia aos impulsos por motivos externos é apenas desprazerosa, a renúncia por motivos internos, por obediência ao supereu, tem outro efeito econômico. Além da inevitável consequência de desprazer, ela também traz ao eu um ganho de prazer, uma satisfação substitutiva, por assim dizer. O eu se sente elevado, fica orgulhoso da renúncia ao impulso como de um feito valioso. Acreditamos compreender o mecanismo desse ganho de prazer. O supereu é o sucessor e o representante dos pais (e educadores) que vigiaram as ações do indivíduo em seu primeiro período de vida; ele continua as suas funções quase sem modificação. Ele mantém o eu em sujeição permanente, exerce sobre ele uma pressão constante. Exatamente como na infância, o eu fica apreensivo por arriscar o amor do superior, sente seu reconhecimento como libertação e satisfação, e suas censuras como remorso. Quando o eu traz ao supereu o sacrifício de uma renúncia aos impulsos, espera como recompensa por isso ser mais amado por ele. A consciência de merecer esse amor é sentida por ele como orgulho. Na época em que a autoridade ainda não estava interiorizada sob a forma de supereu, a relação entre a ameaçadora perda do amor e a exigência impulsional podia ser a mesma. Surgia um sentimento de segurança e de satisfação quando se tinha feito uma renúncia impulsional por amor aos pais. Esse sentimento bom só pôde assumir o caráter peculiarmente narcísico do orgulho depois que a própria autoridade se tornou parte do eu.

De que nos vale esse esclarecimento da satisfação por meio da renúncia aos impulsos para a compreensão dos processos que queremos estudar, a saber, a elevação da autoconfiança quando ocorrem progressos da espiritualidade? Muito pouco, segundo parece. As circunstâncias são completamente diferentes. Não se trata de uma renúncia aos impulsos, e não há uma segunda pessoa ou instância por amor à qual se faça o sacrifício. Logo se vacilará quanto à segunda afirmação. Pode-se dizer que o grande homem é precisamente a autoridade por amor à qual se realiza o feito, e, visto que o próprio grande homem é eficaz graças à sua semelhança com o pai, não é preciso se admirar que na psicologia das massas lhe caiba o papel de supereu. Isso também valeria, portanto, para o homem Moisés na relação com o povo judeu. No outro ponto, porém, não é possível estabelecer uma verdadeira analogia. O progresso na espiritualidade consiste em se decidir contra a percepção sensorial direta e em favor dos chamados processos intelectuais superiores, ou seja, lembranças, reflexões e raciocínios. Consiste em determinar, por exemplo, que a paternidade é mais importante do que a maternidade, embora ela não seja, como esta última, demonstrável pelo testemunho dos sentidos. É por isso que o filho deve levar o nome do pai e receber dele a herança. Ou: nosso deus é o maior e o mais poderoso, embora seja invisível como a ventania e a alma. A não aceitação de uma exigência impulsional sexual ou agressiva parece ser algo inteiramente diferente disso. Em alguns progressos da espiritualidade – na vitória do direito paterno, por exemplo – também não é possível indicar a autoridade que dá o critério para aquilo que deve ser avaliado como superior. Não pode ser o pai neste caso, pois ele é elevado à categoria de autoridade apenas por meio do progresso. Portanto, estamos diante do fenômeno de, na evolução da humanidade, a sensualidade ter sido gradativamente subjugada pela espiritualidade, e de os seres humanos se sentirem orgulhosos e enaltecidos por cada um desses progressos. Mas não se sabe dizer por que isso tinha de ser assim. Mais tarde ainda ocorre de a própria espiritualidade ser subjugada pelo fenômeno emocional inteiramente enigmático da crença. É o famoso *credo quia absurdum*, e quem conseguiu realizar essa sujeição também a encara como uma grande façanha. Talvez o elemento comum a todas essas situações psicológicas seja alguma outra coisa. Talvez o homem simplesmente declare como superior aquilo que é mais difícil, e seu orgulho seja apenas o narcisismo intensificado pela consciência de uma dificuldade superada.

Essas discussões certamente são pouco frutíferas, e se poderia pensar que não têm absolutamente nada a ver com nossa investigação do que determinou o caráter do povo judeu. Isso seria apenas uma vantagem para nós, mas uma certa afinidade com nosso problema se revela por um fato que ainda nos ocupará mais adiante. A religião que começou com a proibição de fazer uma imagem de Deus evolui sempre mais no decorrer dos séculos para uma religião de renúncia aos impulsos. Não que ela exigisse abstinência sexual; ela se contenta com uma limitação considerável da liberdade sexual. Mas Deus é afastado completamente da sexualidade e elevado à categoria de ideal de perfeição ética. Mas ética é limitação dos impulsos. Os profetas não se cansam de admoestar que Deus não exige outra coisa de seu povo senão um modo de vida justo e virtuoso, ou seja, abstenção de todas as satisfações dos impulsos, que também nossa moral atual ainda condena como viciosas. E mesmo a exigência de acreditar Nele parece recuar diante da seriedade dessas exigências éticas. Assim, a renúncia aos impulsos parece desempenhar um papel destacado na religião, mesmo que não se saliente nela desde o início.

Mas aqui há espaço para uma objeção que deve rechaçar um mal-entendido. Ainda que pareça que a renúncia aos impulsos e que a ética nela fundada não pertençam ao conteúdo essencial da religião, tal renúncia está geneticamente ligada a esta da maneira mais íntima. O totemismo, a primeira forma de religião que conhecemos, implica, como elementos indispensáveis do sistema, alguns mandamentos e proibições que naturalmente não significam outra coisa senão renúncias aos impulsos: a adoração do totem, que inclui a proibição de feri-lo ou matá-lo; a exogamia, ou seja, a renúncia à mãe e às irmãs da horda, cobiçadas com paixão; a concessão de direitos iguais a todos os membros da liga de irmãos, ou seja, a limitação da tendência à rivalidade violenta entre eles. Precisamos ver nessas determinações os primeiros começos de uma ordem moral e social. Não nos escapa que duas motivações diferentes se fazem valer aqui. As duas primeiras proibições se orientam no sentido do pai eliminado, continuando sua vontade, por assim dizer; o terceiro mandamento, o da igualdade de direitos dos irmãos da liga, desconsidera a vontade do pai e se justifica pela invocação da necessidade de conservar a longo prazo a nova ordem surgida depois da eliminação do pai. Caso contrário, a recaída no estado anterior teria sido inevitável. Neste ponto, os mandamentos sociais se separam dos outros, que, como poderíamos dizer, provêm diretamente de relações religiosas.

No desenvolvimento abreviado do indivíduo humano se repete a parte essencial desse processo. Também nesse caso, é a autoridade dos pais – no essencial, a do pai ilimitado, que ameaça com o poder de castigar – que requer da criança renúncias aos impulsos, que estabelece o que lhe é permitido e o que lhe é proibido. O que em relação à criança é chamado de "obediente" ou "desobediente", mais tarde, quando a sociedade e o supereu tomaram o lugar dos pais, será chamado de "bom" e "mau", virtuoso ou vicioso, mas ainda continua sendo a mesma coisa, renúncia aos impulsos devido à pressão da autoridade que substitui o pai e o continua.

Essas compreensões experimentam maior aprofundamento quando empreendemos uma investigação do notável conceito de sacralidade. O que nos parece propriamente como "sagrado", destacando-se de outras coisas que apreciamos e reconhecemos como importantes e significativas? Por um lado, o nexo do sagrado com o religioso é inequívoco e acentuado de maneira insistente; tudo o que é religioso é sagrado, é praticamente o núcleo da sacralidade. Por outro lado, nosso juízo é perturbado pelas inúmeras tentativas de reivindicar o caráter da sacralidade para tantas outras coisas – pessoas, instituições, funções – que pouco têm a ver com religião. Esses esforços servem a tendências óbvias. Queremos partir do caráter de proibição que adere com tanta firmeza ao sagrado. Evidentemente, o sagrado é algo que não se tem permissão para tocar. Uma proibição sagrada é acentuada afetivamente com muita força, mas na verdade não tem fundamentação racional. Pois, por que cometer incesto com a filha ou a irmã, por exemplo, deveria ser um crime tão particularmente grave, muito pior do que qualquer outra relação sexual? Quando se pergunta por tal fundamentação, com certeza se ouvirá que todos os nossos sentimentos se opõem a tal. Mas isso apenas significa que a proibição é considerada óbvia, que não se sabe fundamentá-la.

A nulidade de uma tal explicação é bastante fácil de demonstrar. O que supostamente ofende nossos sentimentos mais sagrados era um costume universal – um uso sagrado, poderíamos dizer – nas famílias reinantes do antigo Egito e de outros povos antigos. Era natural que o faraó encontrasse em sua irmã a primeira e mais nobre mulher, e os sucessores tardios dos faraós, os Ptolomeus gregos, não hesitaram em imitar esse exemplo. Nessa medida, impõe-se antes a nós a compreensão de que o incesto – neste caso entre irmão e irmã – era um privilégio vedado aos comuns mortais, mas reservado aos reis, representantes dos deuses, da mesma maneira que o mundo das lendas gregas e germânicas não se escandalizava com tais relações incestuosas. Pode-se supor que a escrupulosa observância da igualdade de classe em nossa alta nobreza ainda seja um resíduo desse antigo privilégio, e se pode constatar que, devido às uniões consanguíneas continuadas ao longo de tantas gerações nas camadas sociais mais altas, a Europa é hoje governada apenas por membros de duas famílias.

A referência ao incesto entre deuses, reis e heróis também ajuda a liquidar outra tentativa, a que pretende explicar o horror ao incesto biologicamente, atribuindo-o a um obscuro saber sobre a nocividade das uniões consanguíneas. Mas não é sequer seguro que exista um risco de dano devido à união consanguínea, muito menos que os primitivos o tenham reconhecido e reagido a ele. A incerteza na definição dos graus de parentesco permitidos e proibidos tampouco é favorável à hipótese de um "sentimento natural" como razão primordial do horror ao incesto.

Nossa construção da pré-história nos impõe outra explicação. O mandamento da exogamia, cuja expressão negativa é o horror ao incesto, estava de acordo com a vontade do pai e continuava essa vontade depois da eliminação deste. Daí a força de sua ênfase afetiva e a impossibilidade de uma fundamentação racional, ou seja, sua sacralidade. Aguardamos confiantes que a investigação de todos os outros casos de proibição sagrada leve ao mesmo resultado que no caso do horror ao incesto, a saber, que o sagrado originalmente não é outra coisa senão a vontade continuada do pai primordial. Com isso também se lançaria uma luz sobre a ambivalência até agora incompreensível das palavras que expressam o conceito de sacralidade. É a ambivalência que domina de maneira geral a relação com o pai. *Sacer* não significa apenas "sagrado", "consagrado", mas também algo que só podemos traduzir como "infame", "abominável" (*auri sacra fames*[20]). A vontade do pai, porém, não era apenas algo em que não se podia tocar, que se tinha de honrar, mas também algo diante do que se ficava horrorizado porque exigia uma dolorosa renúncia aos impulsos. Quando lemos que Moisés "santificou" seu povo pela introdução do costume da circuncisão, compreendemos agora o profundo sentido dessa afirmação. A circuncisão é o substituto simbólico da castração que o pai primordial, baseado na plenitude de sua onipotência, tinha imposto aos filhos no passado, e quem aceitava esse símbolo mostrava com isso que estava disposto a se submeter à vontade do pai, mesmo que lhe impusesse o mais doloroso sacrifício.

Voltando à ética, podemos dizer para concluir: uma parte de suas prescrições se justifica de maneira racional pela necessidade de delimitar os direitos da comunidade em relação ao indivíduo, os direitos do indivíduo em relação à sociedade e os dos indivíduos uns em relação aos outros. Mas o que na ética nos parece grandioso, misterioso e misticamente evidente deve essas características ao nexo com a religião, com a origem a partir da vontade do pai.

E. O conteúdo de verdade da religião

Como parecem invejáveis a nós, pobres de fé, aqueles investigadores que estão convencidos da existência de um ser supremo! Para esse grande espírito, o mundo não tem problemas, pois ele próprio criou todos os seus mecanismos. Como são

20. "Ó execranda fome de ouro!" Virgílio, *Eneida*, III, 57. (N.T.)

abrangentes, exaustivas e definitivas as doutrinas dos crentes em comparação com as trabalhosas, miseráveis e fragmentárias tentativas de explicação que são o máximo que conseguimos realizar! O espírito divino, que é ele próprio o ideal da perfeição ética, implantou nos seres humanos o conhecimento desse ideal e, ao mesmo tempo, o ímpeto de adequar sua natureza ao ideal. Eles percebem imediatamente o que é mais elevado e mais nobre e o que é mais baixo e mais vulgar. Sua vida emocional se orienta de acordo com sua distância do ideal em cada momento. Causa-lhes imensa satisfação quando no periélio, por assim dizer, dele se aproximam, e são punidos com um grande desprazer quando, no afélio, dele se afastaram. Tudo isso é tão simples e estabelecido de uma maneira tão inabalável! Só podemos lastimar que certas experiências de vida e observações do mundo nos tornem impossível aceitar a hipótese de tal ser supremo. Como se o mundo não tivesse enigmas suficientes, nos é colocada a nova tarefa de compreender como essas pessoas puderam adquirir a crença no ser divino e de onde essa crença recebe seu imenso poder, que avassala "a razão e a ciência".[21]

Voltemos ao problema mais modesto que até agora nos ocupou. Queríamos explicar de onde provém o caráter peculiar do povo judeu, que provavelmente também possibilitou sua conservação até o dia de hoje. Descobrimos que o homem Moisés cunhou esse caráter ao lhes dar uma religião que aumentou sua autoconfiança a tal ponto que se acreditaram superiores a todos os outros povos. Eles se conservaram, então, mantendo-se afastados dos outros. Miscigenações pouco perturbaram isso, pois o que os manteve coesos foi um fator ideal, a posse comum de determinados bens intelectuais e emocionais. A religião de Moisés teve esse efeito porque 1) fez o povo tomar parte da grandiosidade

21. De uma fala de Mefistófeles no *Fausto* de Goethe, "Gabinete de estudo", v. 1851. (N.T.)

de uma nova ideia de deus, 2) afirmava que esse povo havia sido escolhido por esse grande deus e destinado a receber as provas de sua singular benevolência e 3) impôs ao povo um progresso na espiritualidade, que, em si mesmo bastante significativo, também abriu caminho à alta estima pelo trabalho intelectual e a posteriores renúncias aos impulsos.

Esse é o nosso resultado, e, embora não queiramos voltar atrás em nada, não podemos ocultar a nós mesmos que é de algum modo insatisfatório. A causação não cobre o resultado, por assim dizer; o fato que queremos explicar parece ser de outra ordem de grandeza que tudo aquilo pelo que o explicamos. Seria possível que todas as investigações que fizemos até agora não tenham descoberto toda a motivação, mas apenas uma camada de certa maneira superficial, e que por trás dela outro fator, muito importante, aguarde por descoberta? Considerando a extraordinária complexidade de toda causação na vida e na história, se teria de estar preparado para algo desse gênero.

O acesso a essa motivação mais profunda resultaria de um trecho específico das discussões precedentes. A religião de Moisés não exerceu seus efeitos diretamente, e sim de uma maneira curiosamente indireta. Isso não quer dizer que ela não tenha agido de imediato, que tenha precisado de longas eras, de séculos, para mostrar seu pleno efeito, pois isso é óbvio quando se trata da cunhagem do caráter de um povo. A restrição se refere, isso sim, a um fato que tomamos da história da religião judaica, ou, caso se queira, que nela introduzimos. Afirmamos que o povo judeu se livrou da religião de Moisés depois de certo tempo – se completamente, ou se algumas de suas prescrições foram mantidas, é algo que não podemos adivinhar. Com a hipótese de que, durante o longo período da tomada de posse de Canaã e da luta com os povos que ali habitavam, a religião de Jeová não se distinguia essencialmente da adoração de outros Baalins, nos encontramos em terreno histórico, apesar de todos os esforços de tendências posteriores para velar esse vergonhoso estado de coisas. Mas a religião de Moisés não sucumbiu sem deixar marcas; conservou--se uma espécie de lembrança dela, obscurecida e distorcida, talvez apoiada, no caso de alguns membros da casta sacerdotal, por antigas anotações. E foi essa tradição de um grande passado que, por assim dizer a partir do segundo plano, continuou agindo, ganhou pouco a pouco cada vez mais poder sobre os espíritos e por fim conseguiu transformar o deus Jeová no deus de Moisés e despertar outra vez à vida a religião de Moisés, instituída há muitos séculos e depois abandonada.

Numa seção anterior deste ensaio discutimos a hipótese que parece irrecusável para compreendermos semelhante feito da tradição.

F. O retorno do recalcado

Há um grande número de processos semelhantes entre aqueles que a investigação analítica da vida psíquica nos deu a conhecer. Uma parte deles é chamada de patológica, a outra é incluída na multiplicidade da normalidade. Mas isso pouco importa, pois as fronteiras entre ambas não são demarcadas com precisão, os mecanismos são em ampla medida os mesmos, e é muito mais importante saber se as modificações em questão ocorrem no próprio eu ou se a ele se opõem como algo alheio, quando então são chamadas de sintomas. Da abundância do material, destaco inicialmente casos que se referem ao desenvolvimento do caráter. A jovem se colocou na mais decidida oposição à mãe, cultivou todas as qualidades de que sentiu falta nela e evitou tudo o que a lembrasse. Podemos complementar que em seus primeiros anos, como toda criança do sexo feminino, ela empreendeu uma identificação com a mãe e agora se rebela energicamente contra esta. Mas quando essa jovem se casa e ela própria se torna mulher e mãe, não devemos nos admirar por descobrir que ela começa a se tornar cada vez mais parecida com a mãe hostilizada, até que por fim a superada identificação com a mãe se restabelece de maneira inequívoca. O mesmo também acontece nos meninos, e inclusive o grande Goethe, que em seu período de gênio certamente desdenhou o pai rígido e pedante, desenvolveu na velhice traços que pertenciam ao caráter do pai. O resultado pode se tornar ainda mais chamativo quando a oposição entre as duas pessoas é mais nítida. Um jovem cujo destino foi crescer ao lado de um pai desprezível se torna de início, a despeito dele, um homem virtuoso, confiável e honrado. No auge da vida, seu caráter mudou, e ele passou a se comportar a partir de então como se tivesse tomado esse mesmo pai por modelo. Para não perder o nexo com nosso tema, é preciso ter em mente que no começo de tal transcurso sempre se encontra uma identificação com o pai datando da primeira infância. Essa identificação é depois repudiada, inclusive supercompensada, e por fim volta a se impor.

Há muito já se tornou de conhecimento geral que as experiências dos primeiros cinco anos assumem uma influência determinante sobre a vida, a que nada que venha depois pode se opor. Haveria muitas coisas interessantes, que não são pertinentes aqui, a dizer sobre a maneira como essas impressões precoces se impõem contra todas as influências de períodos de vida mais maduros. Porém, poderia ser menos conhecido o fato de a influência compulsiva mais forte provir daquelas impressões que atingem a criança num momento em que temos de considerar seu aparelho psíquico como ainda não completamente receptivo. Não se pode duvidar do fato em si; ele é tão estranho que estamos autorizados a facilitar sua compreensão ao compará-lo com um registro fotográfico que, depois de um adiamento qualquer, pode ser revelado e transformado numa imagem. Seja como for, indicamos com gosto que um autor imaginativo, com a ousadia permitida aos poetas, antecipou essa nossa incômoda descoberta. E.T.A. Hoffmann costumava atribuir a abundância de figuras que se colocavam à sua disposição para suas criações à alternância de imagens e impressões durante uma viagem de semanas com a carruagem do correio, experiência pela qual passou quando ainda era uma criança de peito. O que as crianças experimentaram com a idade de dois anos e não compreenderam, jamais precisam lembrar, exceto em sonhos. Podem tomar conhecimento dessas experiências apenas por meio de um tratamento psicanalítico, mas, em alguma época posterior, irrompem nas suas vidas com impulsos obsessivos [*Zwangsimpulse*], dirigem suas ações, lhes impõem simpatias e antipatias, e decidem com bastante frequência sobre sua escolha amorosa, que tantas vezes não pode ser fundamentada de maneira racional. Não se pode desconhecer os dois pontos em que esses fatos tocam nosso problema. Em primeiro lugar, pelo afastamento no tempo[22], que aqui é reconhecido como o fator propriamente determinante, por exemplo, no estado particular da memória, que no caso dessas experiências infantis classificamos como "inconsciente". Esperamos encontrar aí uma analogia com o estado que pretendemos atribuir à tradição na vida psíquica do povo. No entanto, não foi fácil introduzir a ideia do inconsciente na psicologia das massas.

Contribuições regulares aos fenômenos que buscamos são trazidas pelos mecanismos que levam à formação das neuroses. Também nesse caso os acontecimentos decisivos ocorrem em períodos precoces da infância, mas aí a ênfase não se coloca no período, e sim no processo que se opõe ao acontecimento,

22. Também nisso um poeta tem o direito à palavra. Para explicar sua ligação, ele inventa: "Foste em tempos remotos minha irmã ou minha mulher". (Goethe, vol. 4 da edição de Weimar, p. 97).

na reação a ele. Numa exposição esquemática se pode dizer: como consequência da experiência manifesta-se uma exigência impulsional que exige satisfação. O eu recusa essa satisfação, ou porque é paralisado pelo tamanho da exigência ou porque percebe nela um perigo. A primeira dessas razões é a mais primordial; ambas terminam na evitação de uma situação de perigo. O eu se defende do perigo mediante o processo de recalcamento. A moção de impulso é inibida de alguma forma, e o motivo, com as percepções e representações correspondentes, é esquecido. Mas com isso o processo não está concluído; ou o impulso conservou sua força, ou volta a concentrá-la, ou volta a ser despertado por um novo motivo. Então ele renova sua exigência, e, como o caminho para a satisfação normal lhe está bloqueado por aquilo que podemos chamar de cicatriz do recalcamento, ele abre em algum lugar, num ponto fraco, outro caminho até uma chamada satisfação substitutiva, que então aparece como sintoma, sem o consentimento, mas também sem a compreensão do eu. Todos os fenômenos da formação de sintoma podem ser corretamente descritos como "retorno do recalcado". Seu caráter distintivo, porém, é a ampla distorção experimentada por aquilo que retorna quando comparado com o original. Talvez alguém pense que com o último grupo de fatos nos afastamos demais da semelhança com a tradição. Mas se com isso nos aproximamos dos problemas da renúncia aos impulsos, não devemos lamentá-lo.

G. A verdade histórica

Empreendemos todas essas digressões psicológicas com o fim de tornar mais crível para nós o fato de a religião de Moisés ter imposto seu efeito ao povo judeu antes de tudo como tradição. É provável que não tenhamos conseguido mais do que uma certa probabilidade. Mas vamos supor que conseguimos fazer uma demonstração completa; restaria a impressão, porém, de que satisfizemos apenas o fator qualitativo da exigência, e não também o quantitativo. A tudo que se relaciona com a origem de uma religião, certamente também da judaica, adere algo de grandioso, que as explicações que demos até aqui não cobrem. Teria de haver ainda outro fator envolvido, para o qual existe pouco de análogo e nada de similar, algo único e algo da mesma ordem de grandeza daquilo que disso resultou, a própria religião.

Tentemos nos aproximar do assunto a partir do lado oposto. Compreendemos que o primitivo precisa de um deus como criador do mundo, chefe tribal e tutor pessoal. Esse deus tem seu lugar por trás dos pais falecidos, dos quais a tradição ainda sabe dizer alguma coisa. O homem de épocas posteriores, da nossa época, se comporta da mesma maneira. Também ele permanece infantil e necessitado de proteção, mesmo na condição de adulto; ele acredita não poder prescindir do amparo de seu deus. Tudo isso é incontroverso, mas é menos fácil compreender por que só pode existir um único deus, por que precisamente o progresso do henoteísmo ao monoteísmo adquire um significado avassalador. Conforme expusemos, o crente certamente toma parte da grandeza de seu deus, e, quanto maior o deus, tanto mais confiável é a proteção que ele pode oferecer. Mas o poder de um deus não tem a unicidade deste como pressuposto necessário. Muitos povos viam apenas uma glorificação de seu deus-mor no fato de ele dominar outras divindades a ele subordinadas, e não uma diminuição de sua grandeza no fato de existirem outras divindades além dele. Também significou um sacrifício de intimidade quando esse deus se tornou universal e passou a cuidar de todos os países e povos. O próprio deus era dividido com os estrangeiros, por assim dizer, e isso tinha de ser compensado pela reserva de que se era o preferido dele. Ainda se poderia afirmar que a ideia mesma de um deus único significava um progresso na espiritualidade, mas é impossível estimar tanto assim esse ponto.

Bem, mas os crentes devotos sabem como preencher de maneira satisfatória essa lacuna evidente das motivações. Eles dizem que a ideia de um deus único agiu de maneira tão avassaladora sobre os seres humanos porque ela é uma parte da *verdade* eterna que, por longo tempo velada, finalmente veio à luz e então tinha de arrastar todos consigo. Temos de admitir que um fator desse tipo é adequado, no fim das contas, tanto à grandeza do assunto quanto ao resultado.

Também gostaríamos de aceitar essa solução. Mas topamos com um escrúpulo. O argumento devoto se baseia numa premissa otimista-idealista. Não foi possível constatar em outros casos que o intelecto humano possua um faro especialmente aguçado para a verdade, nem que a vida psíquica humana mostre uma inclinação especial para reconhecer a verdade. Tomamos conhecimento, pelo contrário, de que nosso intelecto se engana muito facilmente sem qualquer aviso, e que em nada acreditamos com mais facilidade do que naquilo que, sem consideração pela verdade, venha ao encontro de nossas ilusões de desejo. Por isso temos de acrescentar uma restrição à nossa concordância. Também acreditamos que a solução dos devotos contenha a verdade, mas não a verdade *material*, e sim a *histórica*. E nos reservamos o direito de corrigir certa distorção que essa verdade experimentou por ocasião de seu retorno. Isto é, não acreditamos que hoje exista um único grande deus, mas que em tempos primitivos existiu uma única pessoa que naquela época precisava parecer enorme, e que então, elevada à categoria de divindade, retornou na lembrança dos seres humanos.

Tínhamos suposto que a religião de Moisés fora inicialmente rejeitada e um tanto ou quanto esquecida, manifestando-se depois sob a forma de tradição. Supomos agora que esse processo se repetiu naquela época pela segunda vez. Quando Moisés trouxe ao povo a ideia do deus único, ela não era algo novo, mas significava a reanimação de uma experiência dos primórdios da família humana que há muito tempo desaparecera da memória consciente dos homens. Porém, essa experiência foi tão importante, produziu ou preparou mudanças tão profundas na vida dos seres humanos, que é impossível não acreditar que deixou algumas marcas duradouras, comparáveis a uma tradição, na psique humana.

A partir das psicanálises de indivíduos ficamos sabendo que suas impressões mais precoces, recebidas num período em que a criança ainda mal era capaz de falar, em algum momento manifestam efeitos de caráter compulsivo, sem que elas próprias sejam recordadas de maneira consciente. Consideramo-nos autorizados a supor o mesmo quanto às experiências mais precoces de toda a humanidade. Um desses efeitos seria o surgimento da ideia de um único grande deus, que cabe reconhecer como lembrança distorcida, é verdade, mas inteiramente justificada. Uma ideia dessas tem caráter compulsivo, ela precisa encontrar crença. Até o ponto em que vai sua distorção, pode-se chamá-la de *delírio*; na medida em que ela traz o retorno do que passou, tem de ser chamada de *verdade*. O delírio psiquiátrico também contém um pedacinho de verdade, e a convicção do doente se propaga dessa verdade ao envoltório delirante.

O que agora segue é até o fim uma repetição pouco modificada das explanações da primeira parte.

Em 1912 tentei reconstruir em *Totem e tabu* a antiga situação da qual emanaram tais efeitos. Para isso me servi de certos pensamentos teóricos de Darwin, Atkinson, mas especialmente de Robertson Smith, e os combinei com achados e indicações tomados da psicanálise. De Darwin emprestei a hipótese de que os seres humanos viviam originalmente em pequenas hordas, cada uma sob a tirania de um macho mais velho que se apossava de todas as fêmeas e castigava ou eliminava os homens jovens, mesmo seus filhos. De Atkinson, numa continuação dessa descrição, tomei a ideia de que esse sistema patriarcal encontrou seu fim numa revolta dos filhos, que se uniram contra o pai, o subjugaram e o devoraram em conjunto. Com base na teoria totêmica de Robertson Smith, supus que posteriormente a horda paterna tenha dado lugar ao clã totêmico fraterno. Para poder viver em paz uns com os outros, os irmãos vitoriosos renunciaram às mulheres, devido às quais, no entanto, tinham matado o pai, e se impuseram a exogamia. O poder paterno fora destruído, e as famílias foram organizadas de acordo com o direito materno. A atitude emocional ambivalente dos filhos em relação ao pai permaneceu em vigor durante todo o desenvolvimento posterior. No lugar do pai se instituiu determinado animal como totem; ele era considerado ancestral e espírito protetor, não podia ser ferido ou morto, mas uma vez por ano toda a comunidade masculina se reunia para um banquete em que o animal totêmico normalmente venerado era feito em pedaços e devorado em comum. Ninguém podia se excluir dessa refeição, que era a repetição solene do parricídio com que tinham começado a ordem social, as leis morais e a religião. A correspondência entre a refeição totêmica smithiana e a ceia cristã chamou a atenção de alguns autores antes de mim.

Ainda hoje me atenho a essa construção. Repetidas vezes ouvi censuras violentas por não ter modificado minhas opiniões em edições posteriores do livro depois que etnólogos mais novos refutaram de maneira unânime as exposições de Robertson Smith e apresentaram em parte outras teorias, inteiramente divergentes. Tenho a dizer que por certo conheço esses supostos progressos. Mas não estou convencido da correção dessas inovações nem dos erros de Robertson Smith. Uma contradição ainda não é uma refutação, uma inovação não é necessariamente um progresso. Mas, sobretudo, não sou etnólogo, e sim psicanalista. Eu tinha o direito de selecionar da literatura etnológica o que podia usar para o trabalho analítico. Os trabalhos do genial Robertson Smith me deram valiosos pontos de contato com o material psicológico da análise, conexões para seu aproveitamento. Nunca estive de acordo com seus adversários.

H. O desenvolvimento histórico

Não posso repetir mais detalhadamente aqui o conteúdo de *Totem e tabu*, mas tenho de cuidar do preenchimento do longo intervalo entre aquela época primitiva hipotética e a vitória do monoteísmo em épocas históricas. Depois que o conjunto composto por clã fraterno, direito materno, exogamia e totemismo estava instituído, começou um desenvolvimento que cabe descrever como lento "retorno do recalcado". Empregamos aqui o termo "recalcado" em sentido impróprio. Trata-se de algo passado, perdido, superado na vida de um povo, e que ousamos equiparar ao recalcado na vida psíquica do indivíduo. Não sabemos dizer de início em que forma psicológica esse passado existiu durante o tempo de seu obscurecimento. Não é fácil para nós transferir os conceitos da psicologia individual à psicologia das massas, e não acredito que consigamos alguma coisa se introduzirmos o conceito de um inconsciente "coletivo". O conteúdo do inconsciente, afinal, é coletivo, patrimônio universal dos seres humanos. Assim, nos contentamos provisoriamente com o uso de analogias. Os processos que aqui estudamos na vida de um povo são muito semelhantes aos que conhecemos da psicopatologia, mas não inteiramente os mesmos. Decidimo-nos enfim pela hipótese de que os sedimentos psíquicos daqueles tempos primitivos tinham se transformado em herança, necessitando apenas ser despertados, e não adquiridos, a cada nova geração. Pensamos a propósito disso no exemplo do simbolismo, certamente "inato", que provém do período do desenvolvimento da linguagem, é familiar a todas as crianças sem que tenham recebido instrução alguma e tem o mesmo teor em todos os povos, apesar da diferença das línguas. Obtemos a segurança que ainda nos falta a partir de outros resultados da investigação psicanalítica. Ficamos sabendo que em algumas relações significativas nossos filhos não reagem como corresponde à sua própria experiência, e sim instintivamente, de maneira comparável aos animais, como só é explicável por aquisição filogenética.

O retorno do recalcado se realiza lentamente, com certeza não de maneira espontânea, e sim sob a influência de todas as modificações nas condições de vida que preenchem a história cultural dos seres humanos. Não posso dar aqui um panorama dessas relações de dependência nem uma enumeração mais do que lacunar das etapas desse retorno. O pai volta a ser o chefe da família, nem de longe tão ilimitado quanto havia sido o pai da horda primordial. O animal totêmico dá lugar ao deus em transições ainda bastante claras. De início, o deus antropomorfo ainda ostenta a cabeça do animal, mais tarde se transforma preferentemente nesse animal específico, depois esse animal se torna sagrado para ele e se converte em seu acompanhante predileto, ou ele matou o animal e leva um cognome que corresponda a isso. Entre o animal totêmico e o deus surge o herói, muitas vezes como estágio preliminar da divinização. A ideia de uma divindade suprema parece surgir cedo, de início apenas de maneira vaga, sem intervir nos interesses cotidianos dos seres humanos. Com a união das tribos e dos povos em unidades maiores, os deuses também se organizam em famílias, em hierarquias. Muitas vezes um deles é elevado à categoria de soberano acima de deuses e homens. De maneira hesitante, ocorre então o passo seguinte, de adorar um só deus, e por fim sucede a decisão de conceder todo o poder a um único deus e não tolerar quaisquer outros deuses ao seu lado. Apenas com isso fora restaurada a magnificência do pai da horda primordial, e os afetos que lhe diziam respeito puderam ser repetidos.

O primeiro efeito do encontro com aquele cuja falta se sentira por tanto tempo, e que por tanto tempo fora ansiado, foi avassalador, e tal como a tradição da entrega dos dez mandamentos no Monte Sinai o descreve. Admiração, respeito e gratidão pelo fato de se ter encontrado graça aos seus olhos – a religião de Moisés não conhece outros sentimentos além desses sentimentos positivos em relação ao deus-pai. A convicção de sua irresistibilidade e a submissão à sua vontade não podem ter sido mais absolutas no caso do filho desamparado e intimidado do pai da horda, e elas inclusive só se tornam inteiramente compreensíveis mediante a transposição para o meio primitivo e infantil. Os sentimentos infantis são intensos e inesgotavelmente profundos numa medida inteiramente diferente dos sentimentos dos adultos; apenas o êxtase religioso pode trazer isso de volta. Assim, uma embriaguez de obediência a Deus foi a primeira reação ao retorno do grande pai.

A orientação dessa religião do pai fora com isso fixada para sempre, porém o seu desenvolvimento não estava terminado. À essência da relação com o pai pertence a ambivalência; era inevitável que no decorrer dos tempos também se quisesse manifestar aquela hostilidade que no passado impulsionara os filhos a matar o pai admirado e temido. No âmbito da religião de Moisés não havia espaço para a expressão direta do ódio assassino ao pai; apenas podia vir à luz uma reação enérgica a ele, a consciência de culpa devido a essa hostilidade, a consciência pesada de que se pecou contra Deus e não se para de pecar. Essa consciência de culpa, que foi mantida desperta sem cessar pelos profetas e que logo constituiu um conteúdo integrante do sistema religioso, ainda tinha outra motivação, superficial, que mascarava de maneira habilidosa sua verdadeira origem. As coisas iam mal para o povo, as esperanças colocadas na graça de Deus não queriam se realizar e não era fácil perseverar na ilusão, amada acima de todas as coisas, de que se era o povo escolhido por Deus. Caso não se quisesse renunciar a essa felicidade, o sentimento de culpa pela própria pecaminosidade oferecia uma bem-vinda desoneração de Deus. Não se merecia nada melhor do que ser castigado por ele por não obedecer a seus mandamentos, e na necessidade de satisfazer esse sentimento de culpa, que era insaciável e vinha de uma fonte muito mais profunda, era preciso tornar esses mandamentos sempre mais rigorosos, mais minuciosos e também mais mesquinhos. Numa nova embriaguez de ascese moral, o povo não parou de se impor novas renúncias aos impulsos, e alcançou com isso, pelo menos na doutrina e na prescrição, alturas éticas que permaneceram inacessíveis aos outros povos antigos. Nesse desenvolvimento superior muitos judeus veem a segunda característica principal e o segundo grande feito de sua religião. De nossas discussões deve resultar a forma como ela se relaciona com a primeira, a ideia do deus único. Mas essa ética não pode desmentir sua origem na consciência de culpa devido à hostilidade reprimida a Deus. Ela tem o caráter inacabado e inacabável das formações reativas neurótico-obsessivas; também se adivinha que ela sirva às intenções secretas da punição.

O desenvolvimento posterior vai além do judaísmo. O restante que retornou da tragédia do pai primordial não era mais compatível de maneira alguma com a religião de Moisés. A consciência de culpa daquela época há muito não se limitava ao povo judeu; sob a forma de um mal-estar surdo, de um pressentimento de desgraça cuja razão ninguém sabia indicar, ela tinha se apoderado de todos os povos do Mediterrâneo. A historiografia de nossos dias fala de um envelhecimento da cultura antiga; suponho que ela tenha apreendido apenas causas ocasionais e contribuições àquela indisposição dos povos. A explicação da situação opressiva partiu do judaísmo. Apesar de todas as aproximações e preparações em volta, foi no espírito de um homem judeu, Saulo de Tarso, que como cidadão romano se chamava Paulo, que irrompeu pela primeira vez este discernimento: "Somos tão infelizes porque matamos Deus-Pai". E é bastante compreensível que ele não pudesse apreender esse fragmento de verdade a não ser na formulação delirante da boa nova: "Fomos redimidos de toda culpa desde que um de nós sacrificou sua vida para nos absolver". O assassinato de Deus naturalmente não era mencionado nessa formulação, mas um crime que tinha de ser expiado por uma morte sacrificial só podia ter sido um assassinato. E a mediação entre o delírio e a verdade histórica produziu a garantia de que a vítima fora filho de Deus. Com a força que lhe afluiu da fonte da verdade histórica, essa nova crença derrubou todos os obstáculos; a arrebatadora condição de escolhido foi substituída pela redenção libertadora. Mas, em seu retorno à memória da humanidade, o fato do parricídio tinha maiores resistências a superar do que o outro fato que tinha constituído o conteúdo do monoteísmo[23]; também teve de suportar uma distorção mais intensa. O crime inominável foi substituído pela hipótese de um pecado original realmente vago.

O pecado original e a redenção pela morte sacrificial se tornaram os pilares de sustentação da nova religião fundada por Paulo. Temos de deixar de lado a questão de saber se no grupo de irmãos que se rebelou contra o pai primordial realmente existiu um chefe e instigador do assassinato ou se essa figura foi criada mais tarde e introduzida na tradição pela fantasia dos poetas para heroicizar a própria pessoa. Depois que a doutrina cristã rompeu os limites do judaísmo, ela adotou elementos de muitas

23. A existência do pai primordial, segundo os editores da *Freud-Studienausgabe*. (N.T.)

outras fontes, renunciou a alguns traços do monoteísmo puro e se adaptou em muitos detalhes ao ritual dos restantes povos mediterrâneos. Era como se o Egito se vingasse mais uma vez dos herdeiros de Ikhnaton. É notável a maneira como a nova religião se ocupou da antiga ambivalência na relação com o pai. Seu conteúdo principal, é verdade, era a reconciliação com Deus-Pai, a expiação do crime cometido contra ele, mas o outro lado da relação emocional se mostrou no fato de que o filho, que tomou a expiação sobre si, se tornou ele próprio Deus ao lado do pai, e, na verdade, no lugar do pai. Originado de uma religião do pai, o cristianismo se tornou uma religião do filho. E não escapou à fatalidade de ter de eliminar o pai.

Apenas uma parte do povo judeu aceitou a nova doutrina. Aqueles que se recusaram ainda hoje se chamam judeus. Por meio dessa separação, foram segregados dos outros ainda mais nitidamente do que antes. Da nova comunidade religiosa, que além de judeus acolheu egípcios, gregos, sírios, romanos e finalmente também germanos, tinham de ouvir a censura de que mataram Deus. Na íntegra, o teor dessa censura seria: "Eles não querem admitir que mataram Deus, enquanto nós o admitimos e fomos purificados dessa culpa". Então é fácil reconhecer o quanto de verdade há por trás dessa censura. Por que razão foi impossível aos judeus acompanhar o progresso contido na confissão do assassinato de Deus, apesar de toda distorção, seria assunto de uma investigação especial. Com isso, de certa maneira tomaram sobre si uma culpa trágica; cuidou-se para que pagassem caro por isso.

Nossa investigação talvez tenha lançado alguma luz sobre a questão de saber como o povo judeu adquiriu as peculiaridades que o caracterizam. Menos esclarecimento recebeu o problema de saber como foi que puderam se conservar como individualidade até o dia de hoje. Porém, não se poderá com justiça exigir nem esperar respostas exaustivas para tais enigmas. Uma contribuição a ser julgada segundo as limitações mencionadas no início é tudo o que posso oferecer.

Bibliografia[1]

ATKINSON, J.J. *Primal Law* [*Lei primordial*]. Londres, 1903. (Incluso em LANG, A., *Social Origins* [*Origens sociais*].) (120, 175)

AUERBACH, E. *Wüste und Gelobtes Land* [*O deserto e a Terra Prometida*]. 2 vols. Berlim, 1932 e 1936. (75, 76, 99)

BREASTED, J.H. *A History of Egypt* [*Uma história do Egito*]. Londres, 1906. (34, 49, 51, 52)

_____. *The Dawn of Conscience* [*O alvorecer da consciência*]. Londres, 1934. (34-35, 49, 51, 54, 84)

CAMBRIDGE ANCIENT HISTORY, THE. Org. de J.B. Bury, S.A. Cook e F.E. Adcock, vol. 2, *The Egyptian and Hittite Empires to 1000 B. C.* [*Os impérios egípcio e hitita em 1000 a.C.*]. Cambridge, 1924. (Capítulo sobre a história do Egito a cargo de J.H. Breasted.) (49)

DARWIN, C. *The Descent of Man* [*A origem do homem*]. 2 vols. Londres, 1871. (120, 175)

ENCYCLOPAEDIA BRITANNICA. 11. ed. Cambridge, 1910-1911. (74)

ERMAN, A. *Die ägyptische Religion* [*A religião egípcia*]. Berlim, 1905. (51, 54, 61)

FRAZER, J.G. *The Dying God* (*The Golden Bough*, 3. ed., Parte III) [*O deus agonizante* (*O ramo dourado*)]. Londres, 1911 *c*. (130, 153)

1. Os números entre parênteses no final de cada entrada indicam a(s) página(s) em que a obra é mencionada neste livro. (N.T.)

Freud, S. *Totem und Tabu* [*Totem e tabu*]. 1912-1913. (*Gesammelte Werke*, vol. 9; *Studienausgabe*, vol. 9, p. 287) (87, 93, 119-124, 175-177)

_____. *Jenseits des Lustprinzips* [*Além do princípio de prazer*]. 1920 *g*. (*GW*, vol. 13, p. 3; *SA*, vol. 3, p. 213) (138)

_____. *Das Ich und das Es* [*O eu e o isso*]. 1923 *b*. (*GW*, vol. 13, p. 237; *SA*, vol. 3, p. 273) (138)

Gressmann, H. *Mose und seine Zeit: ein Kommentar zu den Mose-Sagen* [*Moisés e seu tempo: um comentário a propósito das lendas mosaicas*]. Göttingen, 1913. (68, 72)

Herlitz, G. e Kirschner, B. *Jüdisches Lexikon* [*Enciclopédia judaica*]. Vol. 4. Berlim, 1930. (34)

Heródoto. *Geschichte* [*História*]. Tradução alemã de Friedrich Lange. Leipzig, 1885. (56, 61, 66, 75)

Josefo, Flávio. *Jüdische Altertümer* [*Antiguidades judaicas*]. Tradução alemã de Heinrich Clementz. Vol. 1. Halle, 1900. (40, 59, 63)

Meyer, E. "Die Mosesagen und die Lewiten" ["As lendas mosaicas e os levitas"]. *S. B. Akad. Wiss. Berl.* (Phil.-Hist. Kl.), vol. 31, p. 640, 1905. (42)

_____. *Die Israeliten und ihre Nachbarstämme* [*Os israelitas e suas tribos vizinhas*]. Halle, 1906. (40, 42, 64-69, 78, 82, 96)

Rank, O. *Der Mythus von der Geburt des Helden* [*O mito do nascimento do herói*]. Leipzig e Viena, 1909. (36-40)

Sellin, E. *Mose und seine Bedeutung für die israelitisch-jüdische Religionsgeschichte* [*Moisés e sua importância para a história da religião judaico-israelita*]. Leipzig, 1922. (68, 80, 86, 93, 96, 106, 129, 134)

SMITH, W.R. *Lectures on the Religion of the Semites* [*Conferências sobre a religião dos semitas*]. 2. ed. Londres, 1894. (122, 175-177)

VOLZ, P. *Mose: ein Beitrag zur Untersuchung über die Ursprünge der Israelitischen Religion* [*Moisés: uma contribuição à pesquisa sobre as origens da religião israelita*]. Tübingen, 1907. (86)

WEIGALL, A. *The Life and Times of Akhnaton* [*A vida e a época de Akhnaton*]. Nova edição, revisada. Londres, 1922. (53, 55)

YAHUDA, A.S. *Die Sprache des Pentateuch in ihren Beziehungen zum Ägyptischen* [*A língua do Pentateuco em suas relações com o egípcio*]. Berlim, 1929. (71, 75)

Colaboradores desta edição

Renato Zwick é bacharel em filosofia pela Unijuí e mestrando em letras (língua e literatura alemã) na USP. É tradutor de Nietzsche (*O anticristo*, 2008; *Crepúsculo dos ídolos*, 2009; e *Além do bem e do mal*, 2008), de Rilke (*Os cadernos de Malte Laurids Brigge*, 2009), de Freud (*O futuro de uma ilusão*, 2010; *O mal-estar na cultura*, 2010; *A interpretação dos sonhos*, 2012; *Psicologia das massas e análise do eu*, 2013; e *Totem e tabu*, 2013), todos publicados pela L&PM Editores e de Karl Kraus (*Aforismos*, Arquipélago, 2010), e cotradutor de Thomas Mann (*Ouvintes alemães!: discursos contra Hitler (1940-1945)*, Jorge Zahar, 2009).

Betty Bernardo Fuks é psicanalista, doutora em Comunicação e Cultura e professora do Programa de Pós-Graduação em Psicanálise, Saúde e Sociedade da Universidade Veiga de Almeida (RJ). É editora da revista online *Trivium: estudos interdisciplinares*, pesquisadora do CNPq, pesquisadora do Laboratório de Psicopatologia Fundamental da PUC-SP e autora de *Freud e a judeidade* (Zahar, 2000) e *Freud & a cultura* (Zahar, 2003).

Paulo Endo é psicanalista e professor do Instituto de Psicologia da USP, com mestrado pela PUC-SP, doutorado pela USP e pós-doutorado pelo Centro Brasileiro de Análise e Planejamento/CAPES. É pesquisador-colaborador do Laboratório de Pesquisa em Psicanálise, Arte e Política da UFRGS e do Laboratório Interdisciplinar de Pesquisa e Intervenção Social da PUC-Rio. É autor de *A violência no coração da cidade* (Escuta/Fapesp, 2005;

prêmio Jabuti 2006) e *Sigmund Freud* (com Edson Sousa; L&PM, 2009), e organizador de *Novas contribuições metapsicológicas à clínica psicanalítica* (Cabral Editora, 2003).

Edson Sousa é psicanalista, membro da Associação Psicanalítica de Porto Alegre. É formado em psicologia pela PUC-RS, com mestrado e doutorado pela Universidade de Paris VII, e pós-doutorado pela Universidade de Paris VII e pela École des Hautes Études en Sciences Sociales de Paris. Pesquisador do CNPQ, leciona nas pós-graduações em Psicologia Social e em Artes Visuais da UFRGS, onde coordena, com Maria Cristina Poli, o Laboratório de Pesquisa em Psicanálise, Arte e Política. É autor de *Freud* (Abril, 2005), *Uma invenção da utopia* (Lumme, 2007) e *Sigmund Freud* (com Paulo Endo; L&PM, 2009), além de organizador de *Psicanálise e colonização* (Artes e Ofícios, 1999) e *A invenção da vida* (com Elida Tessler e Abrão Slavutzky; Artes e Ofícios, 2001).